"GSP"辅助下的
初中数学基础作图与问题研究

张忠华 著

全国百佳图书出版单位
吉林出版集团股份有限公司

图书在版编目（CIP）数据

"GSP"辅助下的初中数学基础作图与问题研究 / 张忠华著. —— 长春：吉林出版集团股份有限公司，2020.5

ISBN 978-7-5581-8479-6

Ⅰ.①G… Ⅱ.①张… Ⅲ.①中学数学课—教学研究—初中 Ⅳ.①G633.602

中国版本图书馆CIP数据核字（2020）第060099号

"GSP" FUZHU XIA DE CHUZHONG SHUXUE JICHU ZUOTU YU WENTI YANJIU

"GSP"辅助下的初中数学基础作图与问题研究

著：张忠华

责任编辑：沈丽娟

技术编辑：王会莲

封面设计：姜　龙

开　　本：787mm×1092mm　1/16

字　　数：288千字

印　　张：16

版　　次：2022年6月第1版

印　　次：2022年6月第1次印刷

出　　版：吉林出版集团股份有限公司

发　　行：吉林出版集团外语教育有限公司

地　　址：长春市福祉大路5788号龙腾国际大厦B座7层

电　　话：总编办：0431-81629929

印　　刷：长春市昌信电脑图文制作有限公司

ISBN 978-7-5581-8479-6　　　定　价：58.00元

序 言
PREFACE

　　在教学之余，整理了以前用《几何画板》制作的一些教学课件，引发了在"GSP"平台下的基础作图与问题研究。本专著主要针对初中教学中经常遇到的一些简单、实用的作图问题展开研究，理论上而言比较单薄，但可以作为师生共用的工具书，笔者愿意与老师们一同分享．对一位数学教师来说，通过学习本书可以进一步提高自己的数学课件制作能力，数学习题的研究与编制能力也会有一定的提升．

　　1. 几何作图是初中平面几何教学中的一个难点，在"GSP"平台下准确作出符合要求的几何图形，才能更有效地突破解题思路与教学难点．在几何作图中我们不能想当然，貌似神合的图形，如果不是通过规范的作图得出，那么图形的位置或某一元素稍作变化，便脱离了图形的本质特征．譬如，三角形的重心，在《几何画板》作图中一定需要构造出两条边上的中线，再进一步构造出这两条中线的交点，这样的作法才符合规范的作图要求．通过这样的作图可观察到，在改变三角形形状、大小的过程中，其重心的位置也在发生变化，变化过程中始终保持重心的本质特性，并可进一步研究重心的特征，比如，在三角形形状改变过程中，可观察到第三边的中线也一定经过重心，用《几何画板》中的"度量"工具，还可分别度量重心到顶点及重心到该顶点对边中点的距离，根据度量值可发现两倍关系．

　　2. 利用《几何画板》作图，在某些探究性问题处理上，也可以做到得心应手，轻松突破难点．譬如，运用"深度迭代"工具，可探究圆周率的近似值．操作上，利用"深度迭代"可作出圆的内接正 n 边形，以圆心为中心，将正 n 边形分割成几个等腰三角形，"度量"其中一个等腰三角形的面积，将面积度量值乘以 n 后再除以半径长的平方，便得到计算式的值；选中"参数"，随着"参数"的不断增加，n 的值也不断增加，n 越大，计算式的值越接近圆周率，这样的探究，其他软件是无法替代的，通过"GSP"平台可呈现出动态、直观的精彩演绎．

　　3. 利用《几何画板》作图，亦可突破教学中的难点．譬如，在正比例函数图像的教学中，由于学生刚接触函数图像，在描点绘图过程中，由于误差等原因，所描的点很难保证在一条直线上，实际教学中很多教师在处理此问题时往往是"滑过的"．其实要从感官上准确感知正比例函数的图像的形状，一是要有足够多的点（在有限的课堂教学中很难做到），二是绘制的点必须要比较精确（用铅笔、直尺等作图工具绘制往往达不到要求），利用"GSP"平台下的"迭代"功能，可画出尽可能多的精确点，随着点的个数的不断增加，图像也能较直观地得到显示，这样一来，学生的兴趣也有了，教学的难点也突破了．

本书内容共分三部分，第一部分为基础部分，主要介绍了一些基本的点、线、三角形、四边形、圆及简单图形的三类运动的基本作法，以图形作法和相应解释为主，重点是夯实《几何画板》的作图基础．第二部分主要是应用与实践，主要罗列了近几年中考与模拟考试题中的函数与动点问题的典型题目，分析了图形的精确作图规范，在动点问题的探索过程中，其图形的某些基本属性保持不变．最后一部分内容是拓展型问题的编制与教学设计，通过这些问题的设计，能感受到很多数学问题通过《几何画板》操作可以很容易发现其中的规律，从而得到某些结论，对问题的编制与研究也会带来很多帮助．

本成果主要是以实例操作为导向，重点阐述平面几何的规范作图．以数学服务为原则，通过"GSP"平台的应用，学生可更好地理解"点动成线"，将以前黑板上难以体现的，比如说双曲线"无限接近坐标轴，但永不相交"的特点形象直观地展示出来．同时，有趣又漂亮的几何动画让学生在体验到新鲜之余，又能感受到数学之美，而且得到很多优美的图形，精彩的结论．利用"GSP"平台辅助，对初中常见的几何问题进行解析，更能让枯燥的数学变得直观、形象．

应用"GSP"平台辅助教学，可以起到降低难度，提高教学效率，辅助学生思维的作用，但要对学生进行一定程度的抽象思维训练，最终还是需要学生脱离"拐杖"，培养出直观想象能力和图形理解能力，真正让图形在学生的头脑中"动"起来，因此，教学中还不能用《几何画板》完全替代学生的思维．

由于笔者水平有限，望同行们多多给予批评指点．

目 录
CONTENTS

下 篇

基于"GSP"平台的问题研究 \ 223

"GSP"辅助平台下的基础作图

"GSP" 平台辅助教学在数学教学中的应用背景

　　传统的数学教学是教师用粉笔、直尺、三角板和圆规等工具在黑板上作图，这样所画出来的图像被固定化在黑板上，不能动态描述图像的运动和变化规律，在知识的认识理解方面，学生有时候感到有一种"被强迫信服"的感觉，再加上一些抽象空间的复杂架构，严重影响了学生对知识获得过程的体验，无法激励学生的学习动机和兴趣，从而造成学生被动地接受知识，主体地位得不到很好的体现，个性培养也会受到影响，课堂教学的有效性大打折扣．我们说数学本身具有抽象、复杂、严密、灵活等特点，如何让抽象的数学变得直观、形象、好理解、方便运用，是每一位数学教育工作者迫切想要解决的问题．其一，借助"GSP"平台进行解题研究，能使复杂的几何图形直观化，而且能以动画的方式来展现图形和知识间的内在联系，进而呈现图形的建构思想，揭示图形本质特征．其二，每一个图形和函数图像都是由具体的公式来控制的，而不是简单的形象化表示，借助参数的变化可以显示图像或图形如何同步变化，不仅方便学生理解，还能激发学生利用它去进行探索与分析，从而提高数学思维能力．

　　"GSP"平台能完成所有的尺规作图，因为它能显示运动，从而体现出任意性，这样就避免了尺规作图的偶然性或特殊性，可以把一些动态过程或现象表现得淋漓尽致，能为培养学生的观察、想象、归纳素养创设良好的几何背景，并能有效解释数形关系．还有利于探究在某一变化过程中的两个变量之间的函数关系问题：如某一图形的数量（长度、面积、角度等）随另一图形的数量变化而变化的规律等．

"GSP"平台辅助教学在数学教学中的应用意义

从某种意义上讲，几何画板绘图就是欧氏几何"尺规作图"的一种现代延伸．因为这种把所有绘图建立在基本元素上的作图法和数学作图思维中的公理化思想是一脉相承的．

"GSP"平台下的辅助教学，为学生提供了一个十分理想的探索问题的"做数学"环境，在问题解决的过程中可获得丰富的数学体验，能充分调动学生参与的积极性，并加深对数学概念的理解，拓宽数学能力的培养途径，从而更好地激发学生的学习兴趣，优化课堂教学．

（1）有利于激发学生的学习兴趣．

（2）有利于唤醒学生的正确感知，为学生创设有利于直观感知的学习情境和自主学习的环境．

（3）有利于培养学生的想象力．

（4）有利于改善认知环境．

《数学课程标准》提出，数学课程的设计与实施应重视现代信息技术的应用，把现代信息技术作为学生学习知识和解决问题的强有力工具，进而改变学生的数学学习方法．"GSP"平台下的数学教学，丰富了传统的教学方法，能准确展现几何图形的动态变化过程，揭示图形变化的规律，真正地实现数形结合的教学目标．这对学生抽象思维、想象力的培养同样具有非常重大的意义，不仅使学生在知识的形成过程中得到很好的直观体验，而且能够很好地培养学生的创新意识．

特殊三角形的作法

一、等边三角形的作法

目标：作等边 $\triangle ABC$.

说明：由于等边三角形三个内角均为 60°，可利用旋转变换的方法.

基本操作步骤：

1. 作线段 AB，双击点 A，表明点 A 已被标记为旋转中心（图1）.

2. 单击点 B，如图2，表明点 B 已处于选中状态.

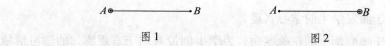

图1   图2

3. 单击【变换】菜单下的【旋转】命令（图3）.

4. 在【旋转】对话框输入角的度数（这里输入60°）（图4）.

图3   图4

5. 单击 旋转 得到点 B 关于点 A 旋转 $60°$ 后的点，将该点命名为点 C，得到图 5（这里逆时针方向为正角，则顺时针方向为负角）.

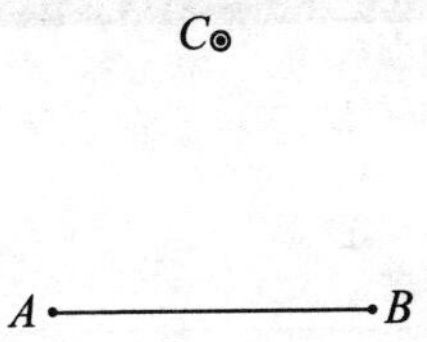

$C\circ$

$A \bullet\!\!-\!\!-\!\!-\!\!-\!\!\bullet B$

图 5

6. 选中 A，C 两点，单击【构造】菜单中的【线段】命令（图 6）.

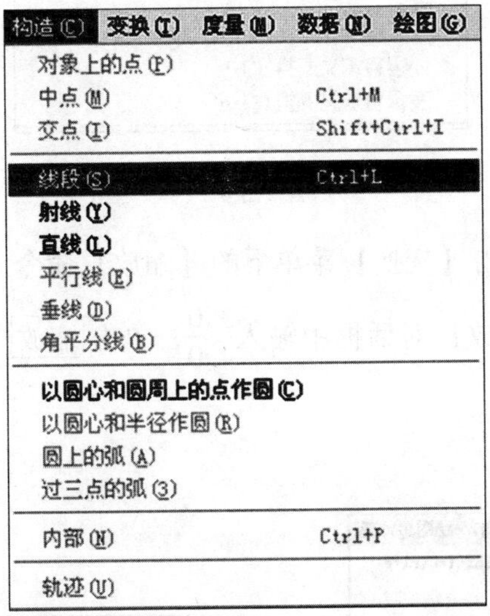

图 6

7. 同理，连接 BC（可参照操作步骤 6），等边三角形绘制完成.

二、直角三角形的作法

制作目标：作一个直角三角形，且三边之比为 $3:4:5$.

说明：这里主要用【变换】菜单作直角三角形，其他作法还有很多，在此不作详细介绍.

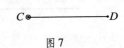

图 7

基本操作步骤：

1. 作线段 CD，并选中点 C（图 7）.

2. 单击【变换】菜单下的【标记中心】命令（图8）.

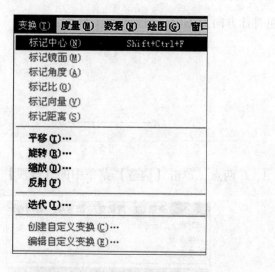

图8

3. 选中点 D，单击【变换】菜单下的【缩放】命令（图9）.

4. 在弹出的【缩放】对话框中输入 $\dfrac{3.0}{4.0}$，单击 缩放 （图10），得到点 D'，

这里 $\dfrac{CD'}{CD}=\dfrac{3}{4}$（图11）.

图9

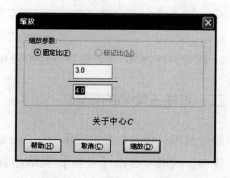

图10

图11

5. 单击【变换】菜单下的【旋转】命令（图 12）.

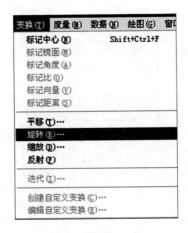

图 12

6. 在弹出的【旋转】对话框中输入角度，这里输入 90°.

7. 单击 旋转 （图 13）.

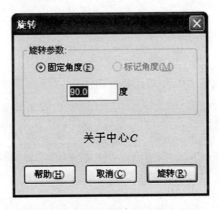

图 13

8. 将点 D' 绕点 C 逆时针旋转 90°后得到的点标签为点 A（图 14）.

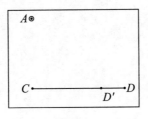

图 14

9. 依次选中点 A, C, D（图15），单击【构造】菜单下的【线段】命令，这样，直角三角形绘制完成，且满足三边之比为 $3:4:5$.

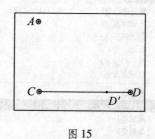

图 15

图形的基本运动

一、图形的平移

操作步骤:

1. 画线段 MN 并选中,在【构造】菜单中选中【线段上的点】命令,线段 MN 上弹出点,标签为点 K (图1).

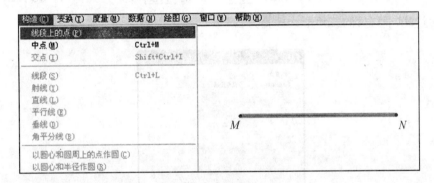

图1

2. 依次选中点 M、K,在【变换】菜单中选中【标记向量】命令(图2).

图2

3. 选中△ABC（包括顶点），在【变换】菜单中选中【平移】命令（图3）.

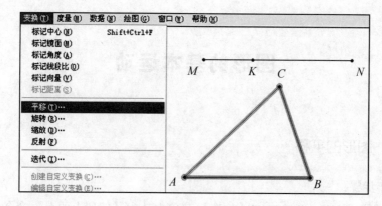

图 3

4. 在【平移】对话框中选择 标记，点击 平移 命令（图4），得到△ABC 沿向量$\overrightarrow{MK}$平移后的三角形，标签为△A'B'C'.

图 4

5. 拖动点 K（可调整线段 MK 的长度），则△A'B'C'沿向量$\overrightarrow{MK}$方向平移，且 $|\overrightarrow{AA'}| = |\overrightarrow{MK}|$（图5）.

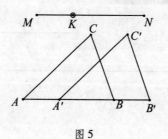

图 5

二、图形的翻折

要求：已知△ABC，作顶点 C 关于直线 AB 的对称点 C′.

基本步骤：

1. 选中线段 AB，在【变换】菜单中选中【标记镜面】命令（图6）.
此时，计算机已把直线 AB 默认为对称轴.

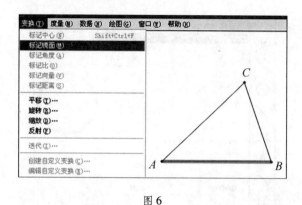

图6

2. 选中点 C，在【变换】菜单中选中【反射】命令（图7）.

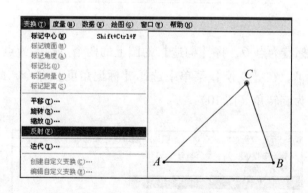

图7

3. 将点 C 关于直线 AB 的反射点标签为 C′，此时，若要作出△ABC 关于直线 AB 的对称图形，只要【构造】线段 C′A，C′B 即可. 拖动△ABC 顶点，改变△ABC 的形状和大小，则点 C，C′ 始终关于直线 AB 对称（图8）.

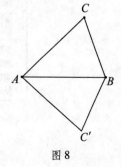

图8

三、图形的旋转

要求：已知△ABC，作△ABC绕点A旋转任意角度的图形.

基本操作：

1. 在【工具栏】中选择【圆】工具，在画板界面上拖出一个圆（图9）.

2. 在【构造】菜单中选中【圆上的点】命令，【构造】出圆上的两个点.

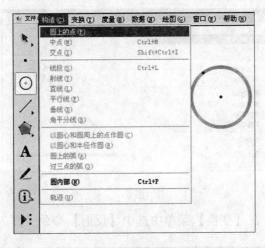

图9

3. 将圆心标签为点 O，将【构造】的圆上的两个点标签为点 M，N，依次选中点 M，O，N，在【变换】菜单中选择【标记角度】命令，此时，计算机认定为∠MON为旋转角（图10）.

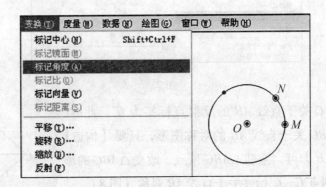

图10

4. 选中 △ABC 的顶点 A，在【变换】菜单中选中【标记中心】命令（图 11）．此时，计算机认定点 A 即为旋转中心．

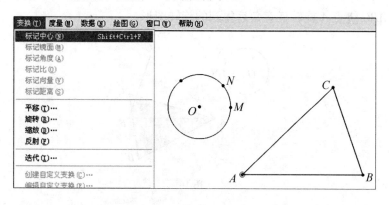

图 11

5. 选中所要旋转的图形（包含全部的边、顶点），在【变换】菜单中选择【旋转】命令（图 12）．

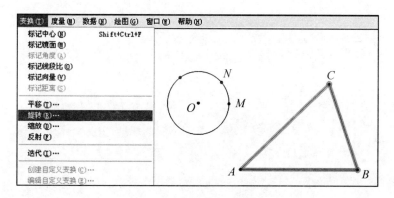

图 12

6. 在【旋转】对话框里选中 标记角度 命令，点击 旋转 （图 13）．

图 13

7. 此时，弹出△ABC绕点A旋转后的三角形，旋转角为∠MON. 将旋转后的三角形顶点标签为点B′，C′，拖动点N，则∠MON的大小会发生变化，即可调整△ABC绕点A旋转任意角后得到的旋转图形.

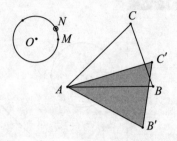

图14

勾股定理的探究

体验：在 Rt$\triangle ABC$ 中，$\angle C = 90°$，则 $AC^2 + BC^2 = AB^2$（式中 AB^2 可看作以 AB 为边的正方形的面积）．

基本操作步骤：

1. 作线段 AB 并选中，在【构造】菜单中选择【中点】命令（图1），此时，弹出线段 AB 的中点，标签为点 O.

2. 分别选中点 O，B，在【构造】菜单中选择【以圆心和圆周上的点作圆】命令（图2）．弹出以 O 为圆心，OB 为半径的圆．

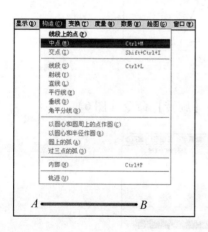

图1

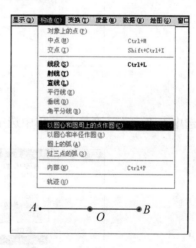

图2

3. 在圆周上【构造】点，标签为点 C（图3）．

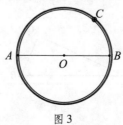

图3

4. 选中点 A，B，C，选择【构造】/【线段】，并选中圆后按 "ctrl + h" 隐藏，此时，Rt△ABC 就制作完成（图 4）. 拖动 △ABC 的顶点，三角形的形状将始终保持为直角三角形，但大小发生改变.

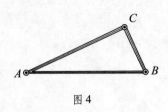

图 4

5. 选中点 C，在【变换】菜单中选中【标记中心】命令，此时，计算机已认定点 C 为旋转中心（图 5）.

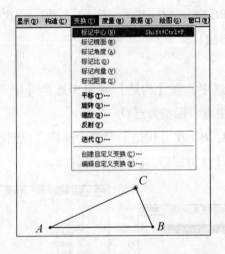

图 5

6. 选中点 B，在【变换】菜单中选中【旋转】命令（图 6）.

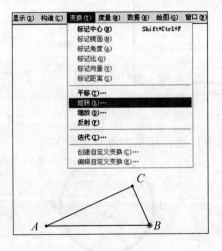

图 6

7. 在【旋转】对话框里输入角度90°，点击 旋转 ，得点 B 关于点 C 旋转 90°后的点，标签为点 B'（图7、图8）．

图7

图8

8. 选中点 B 并点击【标记中心】．

9. 选中点 C，在【变换】菜单中选中【旋转】命令（图9）．

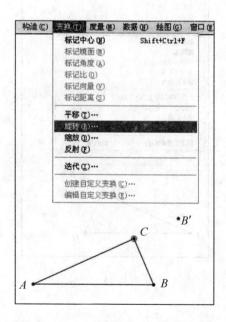

图9

17

10. 在【旋转】对话框内输入角度 90°，因旋转方向为逆时针，故输入的是正角，反之，则应输入负角（图 10）.

图 10

11. 选中点 B，C，B'，C'，在【构造】菜单中选中【线段】命令（图 11），此时，以 BC 为边的正方形 $BCB'C'$ 绘制完成. 同理，绘制以 AC 为边的正方形 $ACA''C''$，以 AB 为边的正方形 $ABA''B''$.

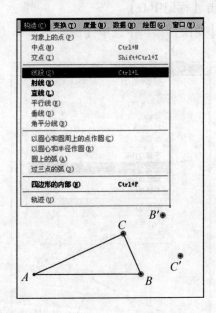

图 11

12. 选中正方形的四个顶点，如正方形 $ACA''C''$，在【构造】菜单中选中【四边形的内部】命令（图 12）.

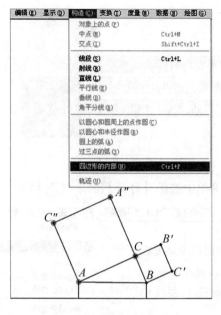

图 12

13. 选中四边形 $ACA''C''$ 的内部，在【度量】菜单中选择【面积】，此时弹出四边形 $CA''C''A$ 的面积数据框（图 13）.

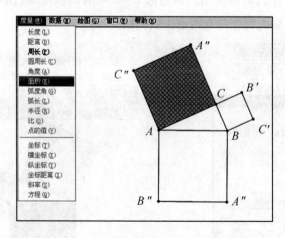

图 13

14. 同理，【构造】并选中四边形 $BCB'C'$ 和四边形 $ABA''B$ 的内部. 选择【度量】／【面积】，得到四边形 $CBC'B'$ 及四边形 $AB''A''B$ 面积数据框（图14）.

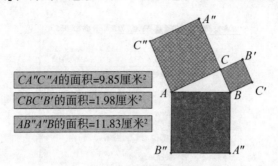

图 14

15. 在【数据】菜单中选择【计算】命令（图15）.

图 15

16. 在【计算】对话框输入四边形 $CA''C''A$ 的面积与四边形 $CBC'B'$ 的面积之和（图16），输入面积时只需点击数据框即可.

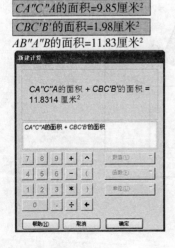

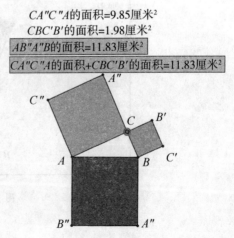

图 16

20

17. 拖动 $\triangle ABC$ 的顶点，比如拖动点 C，则 $\triangle ABC$ 始终保持为直角三角形（因点 C 在以 AB 为直径的圆周上运动），从数据框的数据变化可观察到，始终有 $AC^2 + BC^2 = AB^2$. 其中，AC^2 表示正方形 $ACA''C''$ 的面积，BC^2 表示正方形 $BCB'C'$ 的面积，AB^2 表示正方形 $ABA''B''$ 的面积.

交轨法作图

一、已知线段 $AB = a$，$CD = b$，求作等腰三角形，使它的底边长为 a，底边上的高为 b（图1）.

$$A \bullet \overset{a}{\rule{3cm}{0.4pt}} \bullet B$$

$$C \bullet \overset{b}{\rule{4cm}{0.4pt}} \bullet D$$

图1

基本操作步骤：

1. 依次选中已知线段 AB 的两个端点 A，B，在【变换】菜单中选择【标记向量】命令（图2）.

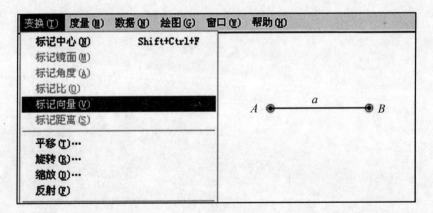

图2

2. 在画板界面上任取一点 E，在【变换】菜单中选择【平移】命令（图3）.

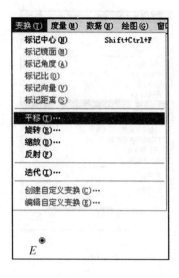

图 3

3. 在【平移】对话框内选择 标记 命令，点击 平移 按钮（图4）.

4. 在向量 AB 方向会出现点 E'，此时向量 EE' 与向量 AB 是相等的向量，选中线段 EE'，在【构造】菜单中选择【中点】命令（图5）.

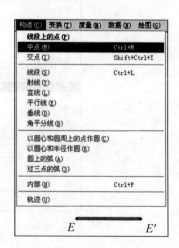

图 4　　　　　　　　　　　图 5

5. 选中线段 EE' 及中点，在【构造】菜单中选择【垂线】命令，此时，以 EE' 为底边的等腰三角形顶点一定在线段 EE' 的垂直平分线上（图6）.

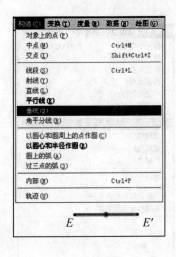

图 6

6. 同时选中点 E 及线段 b，在【构造】菜单中选中【以圆心和半径作圆】命令（图7）.

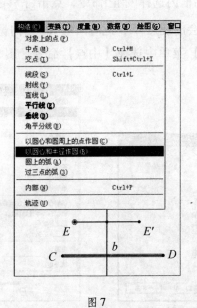

图 7

7. 此时出现以 E 为圆心，b 为半径的圆，单击【工具栏】中的【点】工具，移动光标，当 EE' 的垂直平分线与圆同时处于被选中状态时（图8），表明该点即为它们的交点，标签为点 *F*.

8. 选中点 *E*，*F*，选择【构造】／【线段】，同时，构造线段 *E′F*（图 9）.

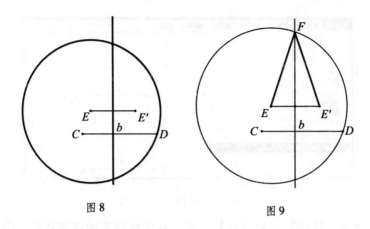

图 8　　　　　　　　图 9

9. 选中需要隐藏的线与点，按"ctrl + h"隐藏，则 △*EE′F* 即为所要求作的等腰三角形（图 10）.

二、已知线段 *AB* = *a*，*CD* = *b*，*EF* = *c*，求作△*ABC*，使得 *BC* = *a*，*AC* = *b*，*AB* = *c*（注：这里三角形三个顶点的标签与已知线段的标签可以相同，不影响作图的正确性）.

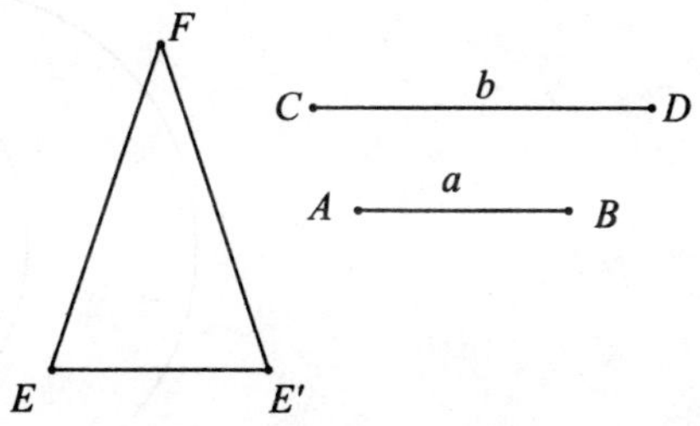

基本操作：

1. 作线段 *BC* = *a*（可采用复制、粘贴的方法），同时选中点 *B* 及线段 *c*，在【构造】菜单中选中【以圆心和半径作圆】命令（图 11）.

图 10

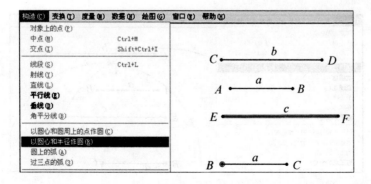

图 11

25

2. 同时，选中点 C 与线段 b，在【构造】菜单中选中【以圆心和半径作圆】命令（图12）.

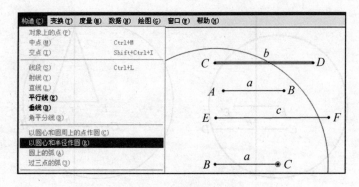

图 12

3. 选择【工具栏】中的【点】工具，将光标移至两圆交点处，图 14 中表明两圆均为选中状态，该点即为两圆的交点，标签为点 A.

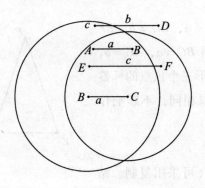

图 13

4. 选中点 A，B，C，在【构造】菜单中选中【线段】命令（图14）.

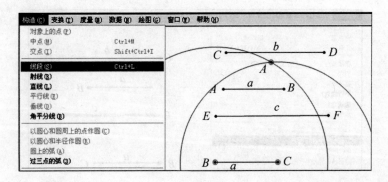

图 14

5. 按 "ctrl + h" 隐藏选中的圆, 则 $\triangle ABC$ 即为所要求作的三角形, 且满足 $BC = a$, $AB = c$, $AC = b$ (图 15).

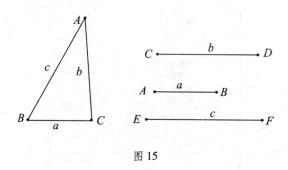

图 15

三、已知线段 $AB = a$, $CD = b$, $\angle EOF = \alpha$.

求作: $\triangle ABC$, 使得 $AB = a$, $AC = b$, $\angle A = \alpha$.

基本操作步骤:

1. 作线段 $AB = a$ (方法同上, 线段标签可更改, 不影响作图的正确性).

2. 依次选中点 F, O, E, 在【变换】菜单中选中【标记角度】命令 (图 16).

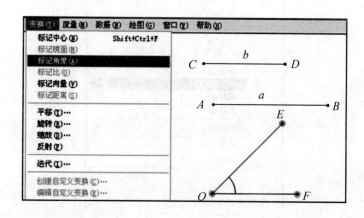

图 16

3. 选中点 A, 在【变换】菜单中选中【标记中心】命令, 此时, 计算机已把点 A 作为旋转中心 (图 17).

图 17

4. 选中点 B，在【变换】菜单中选中【旋转】命令（图 18）.

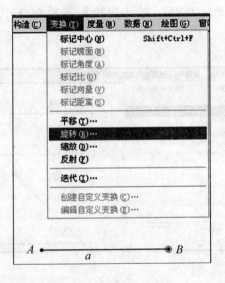

图 18

5. 在【旋转】框中选择 标记角度 （图 19）. 此时，得到点 B 关于点 A 的旋转点 B'，旋转角为标记角度 α，方向与标记角度 α 同向，这里标记的是逆时针旋转，并作射线 AB'.

图 19

6. 同时选中点 A，线段 b，在【构造】菜单中选择【以圆心和半径作圆】命令（图 20）.

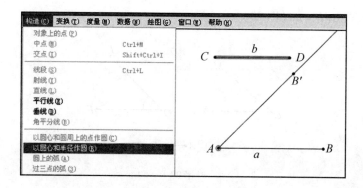

图 20

7. 在【工具栏】中选中【点】工具，光标移至射线 AB' 与圆 A 的交点处点击（如图 21，表示射线 AB' 与圆 A 均已被选中），并把交点标签为点 C.

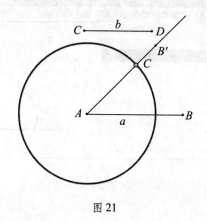

图 21

8. 连接 AC，BC，按"ctrl + h"隐藏需要隐藏的点和线，则△ABC 满足 $AB = a$，$AC = b$，$\angle A = \alpha$（图 22）．

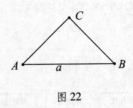

图 22

四、已知：线段 $AB = a$，$\angle EOF = \alpha$，$\angle MON = \beta$，求作△ABC，使得 $AB = a$，$\angle A = \alpha$，$\angle B = \beta$（这里，△ABC 的顶点 A、B、C 标签与线段 AB 的两端点标签没有关系）．

基本操作：

1. 作线段 $AB = a$（图 23）．

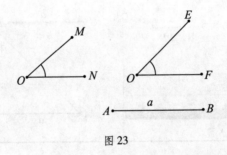

图 23

2. 依次选中点 F，O，E，在【变换】菜单中选择【标记角度】命令（图 24）．

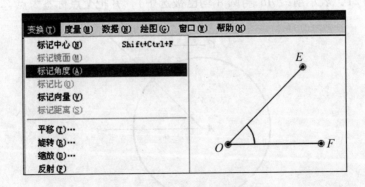

图 24

3. 选中线段 AB 的端点 A，在【变换】菜单中选中【标记中心】命令，此时，计算机默认点 A 为旋转中心（图 25）.

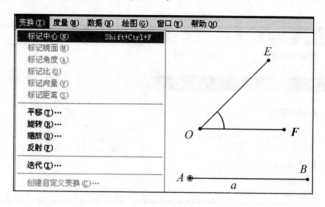

图 25

4. 选中端点 B，在【变换】菜单中选择【旋转】命令（图 26）.

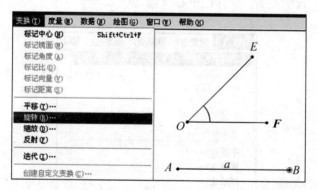

图 26

5. 在【旋转】对话框中选择 标记角度，点击 旋转 命令（图 27）. 此时，线段 AB 上方会弹出一个点，标签为点 B'.

图 27

6. 依次选中点 M, O, N（表明选中的角为顺时针方向的负角），在【变换】菜单中选择【标记角度】（图 28）.

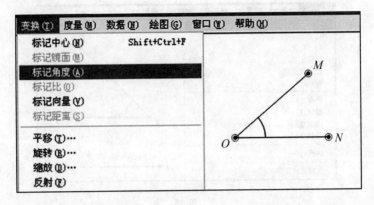

图 28

7. 同上，选中点 B，并标记中心（图 29）.

图 29

8. 选中点 A，在【变换】菜单中选择【旋转】命令，在线段 AB 上方弹出一个点，记为点 A'（图 30）.

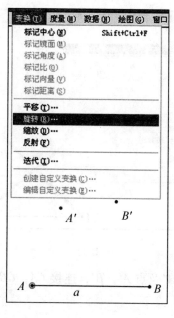

图 30

9. 依次选中点 A，B'，在【构造】菜单中选择【射线】命令，得射线 AB'（图 31）. 同理，构造出射线 BA'.

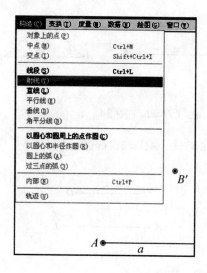

图 31

10. 同时选中射线 AB' 及射线 BA'，在【构造】菜单中选择【交点】命令（图32），并把交点标签为点 C.

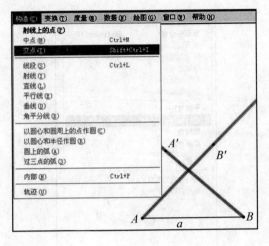

图 32

11. 隐藏射线 AB'，BA' 及点 A'，B'，连接 CA，CB，则 $\triangle ABC$ 满足 $AB = a$，$\angle A = \alpha$，$\angle B = \beta$（图33）.

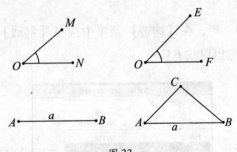

图 33

五、已知线段 $AB = a$，$CD = b$（图34）.

求作 $\triangle ABC$，使得 $AB = a$，$AC = b$，$\tan A = \dfrac{3}{4}$.

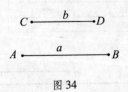

图 34

基本操作步骤：

1. 作线段 $AB = a$（该线段 AB 的标签也是 $\triangle ABC$ 的顶点 A，B 的标签，与已知线段 AB 是相互独立的），选中点 A，在【变换】菜单中选择【标记中心】.

2. 选中点 B，在【变换】菜单中选择【缩放】命令（图 35）.

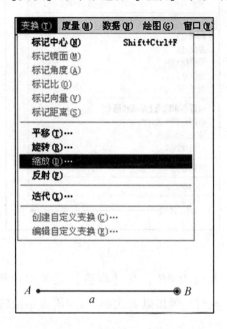

图 35

3. 在【缩放】框内输入比值 $\dfrac{3}{4}$，按下 缩放 命令（图 36）. 此时，线段 AB 上会弹出一个点，标签为点 B'.

图 36

4. 选中点 A，B'，在【构造】菜单中选择【线段】命令（图 37）.

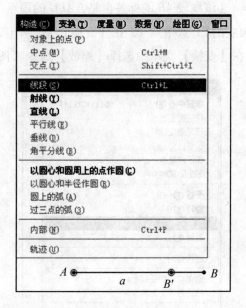

图 37

5. 同时选中点 B 及线段 AB'，在【构造】菜单中选择【以圆心和半径作圆】命令（图 38）. 此时，弹出以 B 为圆心，AB' 为半径的圆.

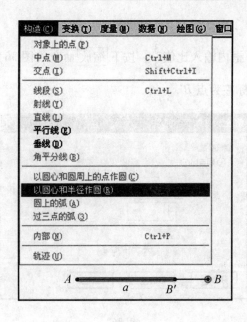

图 38

6. 同时选中点 B 及线段 AB，在【构造】菜单中选择【垂线】命令
（图39）.

图 39

7. 选择【工具栏】中的【点】工具，将光标停在圆 B 与垂线的交点处
（图40）. 此时，圆 B 与垂线均呈现选中状态，点击后得交点，标签为点 M.

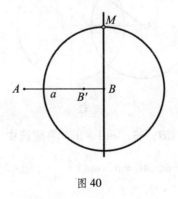

图 40

8. 同时选中点 A 及线段 b，在【构造】菜单中选择【以圆心和半径作圆】命令（图41）. 弹出以 A 为圆心，b 为半径的圆.

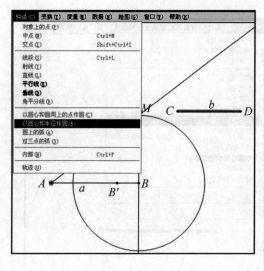

图 41

9. 选择【点】工具，将光标移至圆 A 与射线 AM 交点处，单击得交点，标记为点 C（图42）.

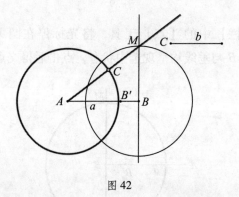

图 42

10. 构造出线段 CA，CB，按"ctrl + h"隐藏选中的点与线，则△ABC 满足 $AB = a$，$AC = b$，$\tan A = \dfrac{3}{4}$（图43）.

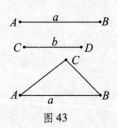

图 43

点的轨迹

一、基本轨迹一

到线段两端点距离相等的点的轨迹是这条线段的垂直平分线.

（一）教学重点

因为轨迹是无数个点的集合，在教学难点突破时，画无数个点显然不太可能，如何让点的轨迹的教学更具直观性，使学生真正感受到轨迹是满足条件的无数个点的集合，可用《几何画板》的【变换】菜单中的迭代功能进行突破.

（二）基本操作步骤

1. 画出线段 AB，选中线段 AB，选择【构造】／【中点】，得线段 AB 的中点 C，选中线段 AB 与中点 C，在【构造】菜单中选择【垂线】命令（图1）.

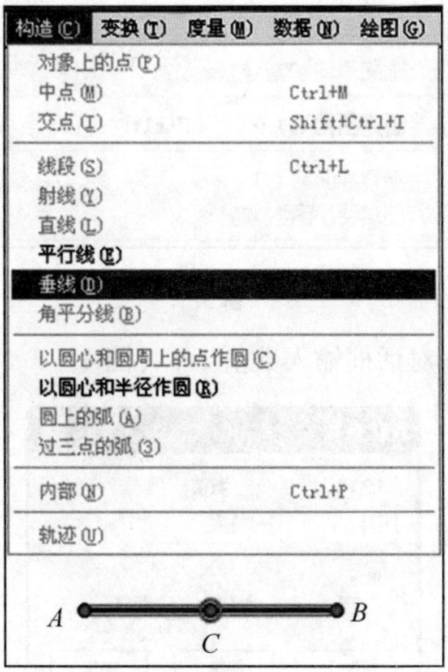

图1

2. 在 AB 的中垂线上选取两点 D，E（为保证图形的整体效果，两点可一上一下，相隔间距要合适，当然，点 D，E 也可调整）（图 2）.

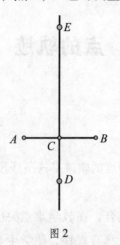

图 2

3. 在【数据】菜单中选中【新建参数】命令（图 3）.

图 3

4. 在【新建参数】对话框输入数值 1.1（图 4）.

图 4

5. 在【数据】菜单中选择【计算】命令（图5）.

图5

6. 在【新建计算】对话框输入值 $1/t_1$，t_1 的值只需要选中参数数值框即可
（图6、图7）.

图6   图7

7. 选中数值框 $\dfrac{1}{t_1} = 0.91$，在【变换】菜单中选择【标记比值】命令（图8）.

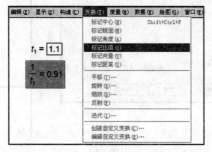

图8

8. 选中点 D，在【变换】菜单中选择【标记中心】命令（图9）．

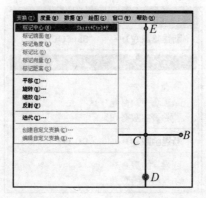

图 9

9. 选中点 E，在【变换】菜单中选中【缩放】命令（图10）．

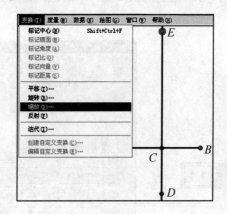

图 10

10. 在【缩放】对话框选中 标记比 ，此时，在点 E 附近会弹出一个点 E'（图11）．

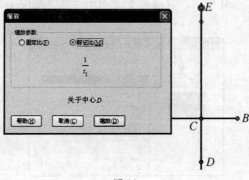

图 11

11. 【构造】线段 $E'A$，$E'B$，然后用虚线显示（图12）.

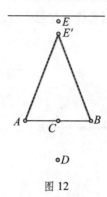

图 12

12. 选中点 D 及参数数值框 t_1，并同时按 "shift" 键，在【变换】菜单中选中【深度迭代】命令（图13）.

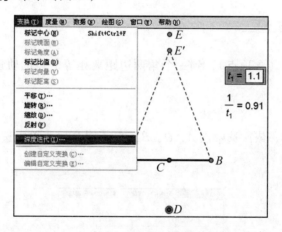

图 13

13. 在【迭代】对话框中输入初象（只要点击点 E' 即可），按下【迭代】命令（图14）.

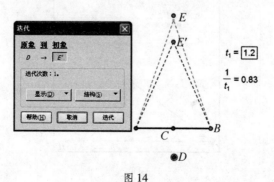

图 14

选中 AB 的垂直平分线，按"ctrl + h"键隐藏．选中参数数值框 $t_1 = 1.1$，按 "+"或"–"号改变参数值，当参数 t_1 足够大时，会出现图 15 所示的效果．

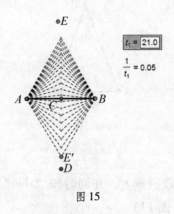

图 15

二、基本轨迹二

在角的内部（含顶点），到一个角两边距离相等的点的轨迹是这个角的平分线．

操作步骤：

1. 作 $\angle AOB$，依次选中点 A，O，B，在【构造】菜单中选中【角平分线】命令（图 16）．

图 16

2. 在【数据】菜单中选中【新建参数】，输入参数值 1.2，得到参数数值框．

3. 在【新建计算】框输入 $1/t_2$，其中 t_2 的值只要单击参数数值框即可（图 17）．

图 17

4. 选中数值框 $\dfrac{1}{t_2} = 0.83$．在【变换】菜单中选中【标记比值】命令（图 18）．

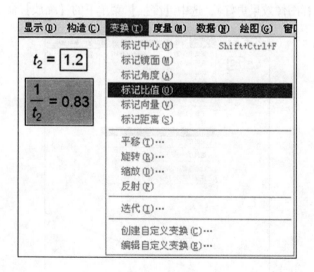

图 18

5. 在∠AOB 的平分线上选中一点 C（考虑到图像的效果，C 点选在顶点 O 附近较好），并在【变换】菜单中选中【标记中心】命令（图19）.

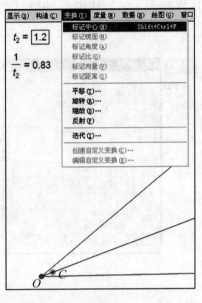

图 19

6. 在∠AOB 的平分线上选取另一点 D（因点 D 需要缩放，故点 D 选取时应离点 O 较远，这样图像效果更好），选中【变换】菜单下的【缩放】命令（图20）.

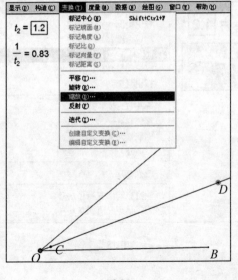

图 20

7. 在【缩放】对话框选择 标记比 ，单击 缩放 得到点 D 的缩放点 D'（图21）.

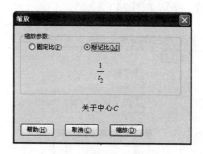

图 21

8. 在工具栏中选择【自定义工具】，在侧拉框中选择"三角形—加三角形的高（虚线）"命令（图22）.

图 22

9. 依次选中点 D'，O，A 及 D'，O，B，可得点 D' 到角两边 OA，OB 的距离（图23），按"ctrl + h"隐藏角平分线.

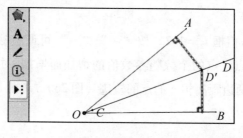

图 23

10. 选中点 C 及参数数值框 $t_2 = 1.2$，并同时按住"shift"键，在【变换】菜单中选中【深度迭代】命令（图24）.

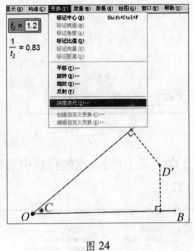

图24

11. 在【迭代】对话框中输入初象 D'（只要点击点 D' 即可）（图25）.

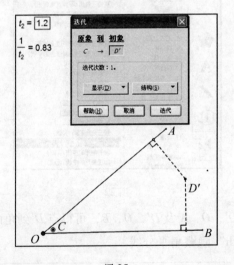

图25

12. 选中参数数值框 $t_2 = 1.2$，按"＋""－"可调整参数值．此时 $\angle AOB$ 内部会出现很多个点，点的个数随参数值的增加而增加，并能够清晰体验到：在角内部到这个角两边距离相等的点的轨迹（图26）.

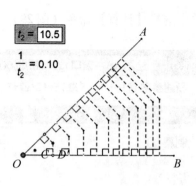

图 26

三、基本轨迹三

到定点距离等于定长的点的轨迹是以定点为圆心，定长为半径的圆．

基本操作步骤：

1. 作圆 O，并选中圆，【构造】圆上的点 A（图 27）．

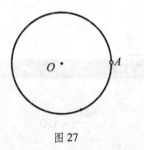

图 27

2. 在【新建参数】对话框中输入参数值 3（图 28）．

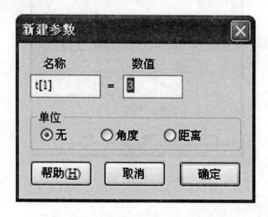

图 28

3. 在【数据】菜单中选择【计算】命令（图 29）.

图 29

4. 在【新建计算】对话框内输入 $360°/t_1$，数值 360 一定要加角度的单位（图 30）.

图 30

5. 选中圆心 O，在【变换】菜单中选中【标记中心】命令，此时，计算机已默认点 O 为旋转中心（图31）.

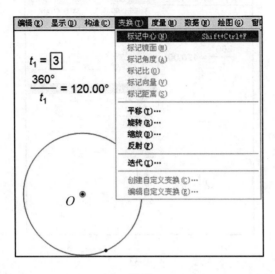

图 31

6. 选中数据框 $\dfrac{360°}{t_1} = 120°$，在【变换】菜单中选中【标记角度】命令（图32）.

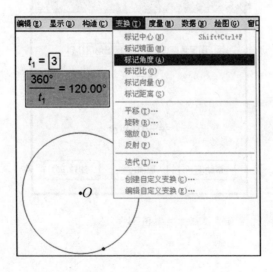

图 32

7. 选中点 A，在【变换】菜单中选择【旋转】命令（图33）．

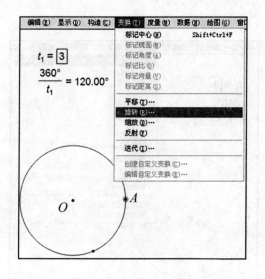

图 33

8. 在【旋转】对话框选择 标记角度 ，按下 旋转 命令，圆周上会弹出一个点，标签为 A'（图34）．

图 34

10. 选中点 A 及参数数值框，同时按住"shift"键．在【变换】菜单中选择【深度迭代】命令（图35）．

图 35

9. 选中点 A'，点 O，选择【构造】/【线段】，并用虚线表示线段 OA'（图36）．

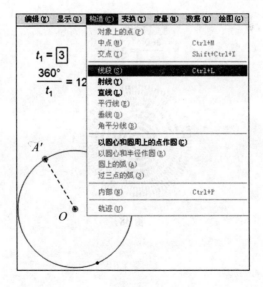

图 36

11. 在【迭代】对话框中输入初象 A'（只要点击圆周上的点 A'，即被选中），选择 迭代 命令（图 37）.

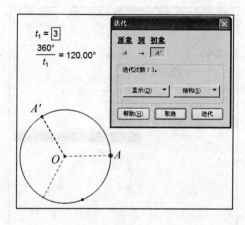

图 37

选中圆周，按"ctrl + h"隐藏圆. 选中参数数值框，用"+"或"−"控制参数值. 此时，随参数值的不断增加，满足条件的点的个数不断增多. 当 $t_1 = 99$ 时，图中会出现 100 个点，并清楚地观察：到定点的距离等于定长的点的轨迹（图 38）.

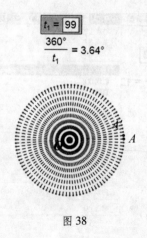

图 38

函数的图像

一、反比例函数 $y = \dfrac{k}{x}$ 的部分图像

1. 在【绘制】菜单中选择【定义坐标系】命令.

2. 在横轴上选取三个点 P, M, N, 其中点 M, N 在正半轴上（图1）.

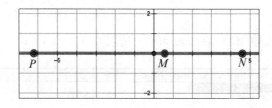

图1

3. 选中点 P 与横轴，【构造】垂线，在垂线上【构造】点 k，方法同一次函数的图像（图2）.

图2

4. 在【度量值】对话框中修改标签，输入 k，按下 确定 （图3）.

图 3

5. 【构造】线段 MN，在线段 MN 上选取点 A（图4）.

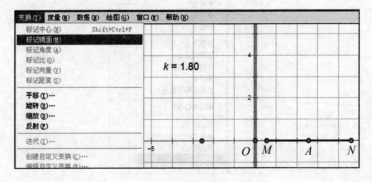

图 4

6. 选中纵轴，单击【变换】菜单中的【标记镜面】命令（图5）.

图 5

7. 选中点 A，在【变换】菜单中选择【反射】命令，得 A' 点（图6）.

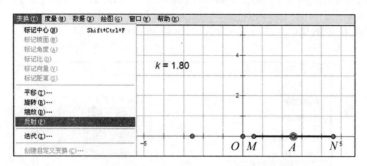

图 6

8. 右击点 A，在下拉框中选中【横坐标】命令（图7）.

图 7

9. 单击【数据】/【计算】，在【新建计算】对话框内输入 $\dfrac{k}{x_A}$ 的值（图8）.

图 8

10. 选中数据框内 X_A 及 $\dfrac{k}{X_A}$，单击【绘图】/【绘制点（x，y）】，在坐标平面内弹出点 B（图9）.

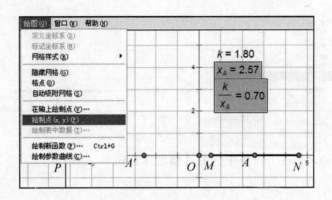

图 9

11. 依次选中点 A，B，单击【构造】菜单中【轨迹】命令，即可得到 $y = \dfrac{k}{x}$（$x > 0$）的图像（图10）.

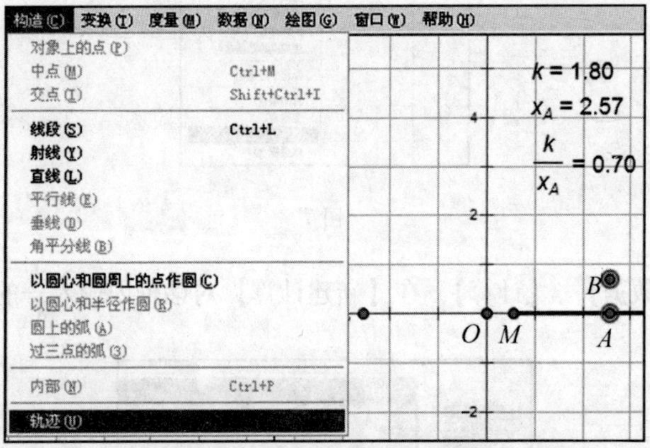

图 10

12. 按上面方法计算 $\dfrac{k}{X_A'}$ 的值，选中 X_A' 和 $\dfrac{k}{X_A'}$，绘制点 B'，依次选中点 A，B'，点击【构造】/【轨迹】得到的另一半图像（图11）.

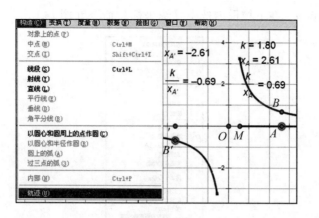

图 11

效果：上述操作只作出了双曲线部分图像，为什么？调整点 M，N，可调整双曲线部分图像上的端点，拖动 k，可得到 $y = \dfrac{k}{x}$（$x < 0$）部分的图像.

三、二次函数 $y = ax^2 + bx + c$ 的部分图像

1. 在【绘图】菜单中【定义坐标系】.

2. 在横轴上【构造】点 P，M，N（图 12）.

3. 选中点 P 及横轴，在【构造】菜单中选择【垂线】，在垂线上选取三个点，修改标签，分别标记为点 a，b，c（图 13）.

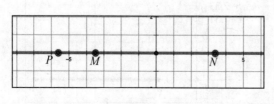

图 12

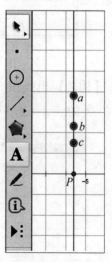

图 13

4. 右击点 a，在下拉框内选中【纵坐标】命令（图14）.

图 14

5. 在【度量值】对话中修改标签框内数据，输入 a，按下 $\boxed{确定}$ （图15）.

6. 按上面方法得到 b, c 的纵坐标值，并在【度量值】中同时修改标签（图16）.

图 15

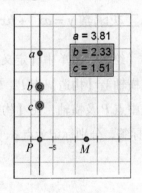

图 16

7.【构造】出线段 MN，选中线段 MN，点击【构造】/【线段上的点】，得到 MN 上的点 A（图17）.

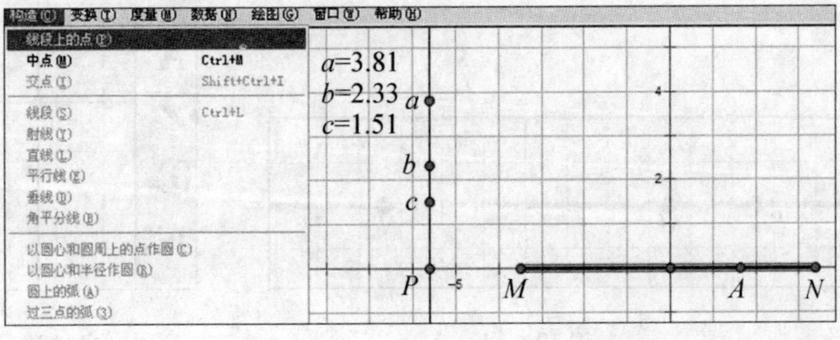

图 17

8. 右击点 A，在下拉框中选择【横坐标】命令（图18）.

图18

9. 单击【数据】菜单，选中【计算】命令，在【新建计算】框内输入数值 $aX_A^2 + bX_A + c$，其中 a，b，c 及 X_A 的值选中数据框即可（图19）.

图19

10. 依次选中数据框内 X_A 与 $aX_A^2 + bX_A + c$，在【绘图】菜单中选中【绘制点 (x, y)】的命令（图20）.

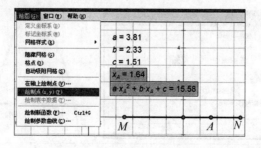

图20

11. 在坐标系内生成点 A'，依次选中点 A，A'，在【构造】菜单中选择【轨迹】（图21），得到二次函数 $y = ax^2 + bx + c$ 的部分图像.

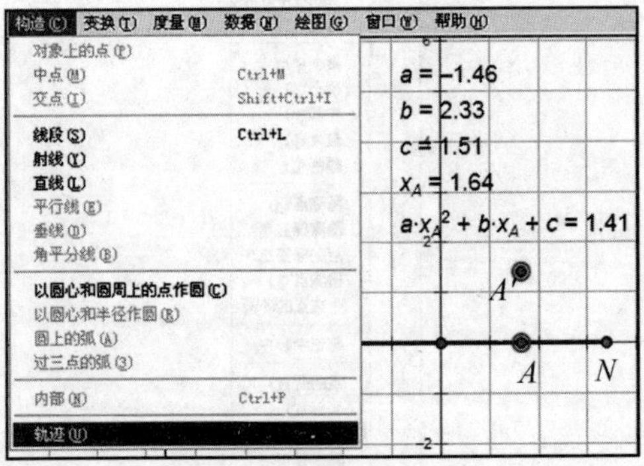

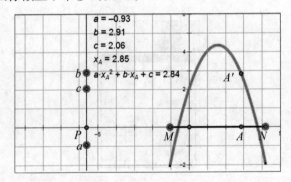

图 21

12. 拖动点 M，N，可调整二次函数部分图像的端点位置. 拖动点 a，可改变抛物线的开口大小及方向. 拖动点 b，可改变抛物线的对称轴. 拖动点 c，可使二次函数的图像做上下平移（图22）.

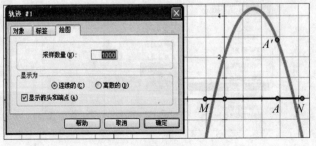

图 22

13. 选中抛物线，在【轨迹】对话框内可改变标签及采样数据，并可以显示或隐藏抛物线的端点（图23）.

图 23

62

函数与几何

例：△ABC 中，点 P，D，E，F 分别在△ABC 的边 AB，AC 和 BC 上，且四边形 PDEF 是矩形（图1）.

探究：当 P 点在 AB 上移动时，AP 的长及矩形 PDEF 的面积这两个变量之间存在何种函数关系.

具体步骤：

1.【定义坐标系】，并作△ABC（图2）.

2. 选中线段 AB，在【构造】菜单中选中【线段上的点】命令，得到 AB 上的点 P（图3）.

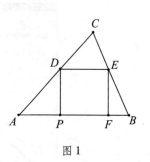

图1

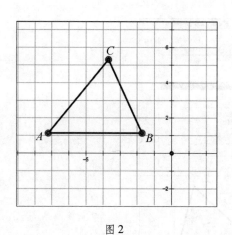

图2

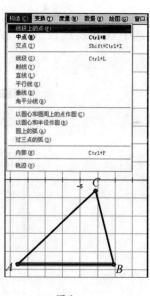

图3

3. 选中点 P 与线段 AB，在【构造】菜单中选中【垂线】命令（图 4）.

4. 选中过点 P 且垂直于 AB 的直线及线段 AC，在【构造】菜单中选中【交点】命令得到点 D（图 5）.

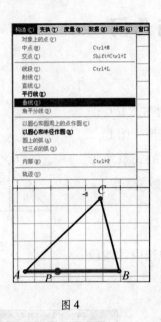
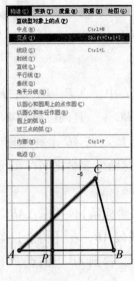

图 4   图 5

5. 选中点 D 及线段 AB，在【构造】菜单中选中【平行线】命令得点 E（图 6）.

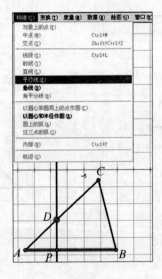

图 6

6. 按上述方法，得点 F，选中三条直线，按"ctrl + h"隐藏，并连接 PD，DE，EF（图7）.

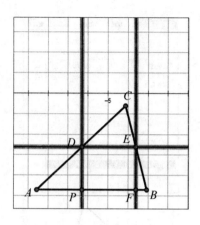

图 7

7. 选中点 A，P，点击【构造】／【线段】，在【度量】菜单中选中【长度】命令（图8）.

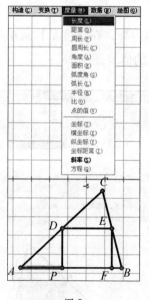

图 8

8. 依次选中点 P, F, E, D, 在【构造】菜单中选中【四边形的内部】命令（图9）.

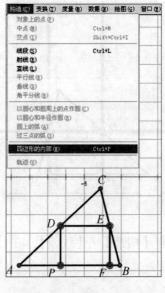

图 9

9. 选中四边形 $DPFE$ 的内部, 在【度量】菜单中选择【面积】命令, 数据框内得到四边形 $DPFE$ 面积的值（图 10）.

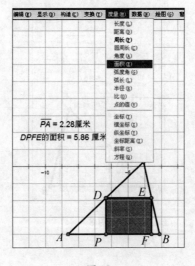

图 10

10. 依次选中数据框 *PA* 及 *DPFE* 的面积，在【绘图】菜单中选择【绘制点 *P*（*x*，*y*）】命令（图 11）.

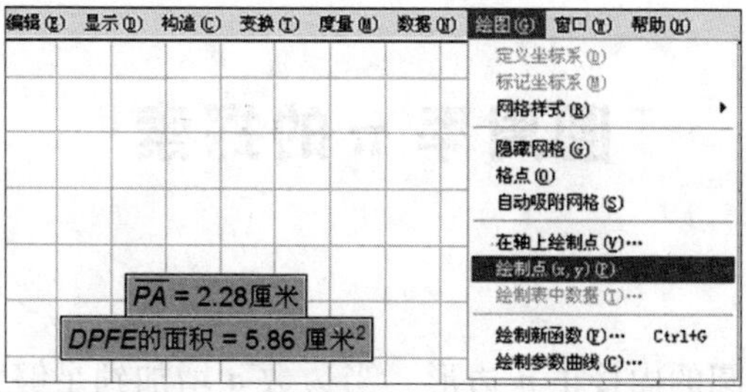

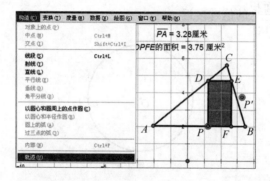

图 11

11. 在坐标平面内生成点 *P′*，依次选中点 *P*，*P′*，在【构造】菜单中选中【轨迹】命令（图 12），得到变量 *AP* 的长度与变量四边形 *DPFE* 的面积之间函数关系的图像（图 13）.

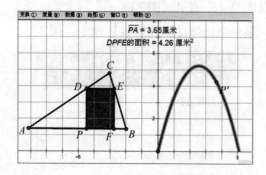

图 12

图 13

12. 效果：拖动点 *P*，四边形 *DPFE* 面积随着线段 *AP* 长度的改变而改变，函数图像上的点 *P′* 也随点 *P* 的移动而移动.

圆周率 π 的探索

基本思路：作圆的内接正 n 边形．当边数 n 增加到足够大时，该正 n 边形的面积会趋近于圆的面积（一般软件很难突破这个难点，作圆的正 n 边形出现困难时，可用《几何画板》中深度迭代功能完成）．此时分别计算正 n 边形面积与半径的平方，有 $\pi = \dfrac{\text{圆面积}}{\text{半径平方}} \approx \dfrac{\text{正 } n \text{ 边形的面积}}{\text{半径平方}}$．我们发现当 n 取值越大时，$\dfrac{\text{正 } n \text{ 边形的面积}}{\text{半径平方}}$ 的值越接近 π．

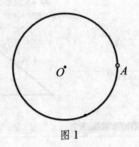

图1

基本操作步骤：

1. 选中圆 O 及圆 O 上一点 A（图1）．

2. 在【数据】菜单中选择【新建参数】命令（图2）．

图2

3. 在【新建参数】对话框中将数值项改为 1，单击 确定 （图 3）.

图 3

4. 得出参数值（图 4）.

5. 改变参数值：图 4 中的参数处于选中状态，用 " + ， - " 键可改变参数值（图 5）.

图 4　　　　　　　　　　　　　　　图 5

6. 单击【数据】菜单中的【计算】命令，在计算器中输入 $360°/t_2$ 命令，单击 确定 （图 6）.

图 6

7. 屏幕上出现 $\dfrac{360°}{t_2} = 120.00°$（图6）.

8. 选中 $\boxed{\dfrac{360°}{t_2} = 120.00°}$，选择【变换】菜单中的 $\boxed{标记角度}$（图7）.

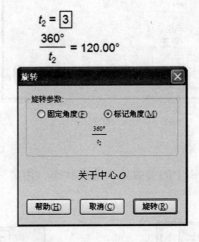

图7

9. 双击圆心 O，此时计算机已认定点 O 为旋转中心，选中点 A（图8）.

10. 单击【变换】菜单中的【旋转】命令，弹出对话框，单击【旋转】，A 绕 O 旋转标记的角度得到 A'，连接 AA'（图9）.

注：图中线段 AA' 及点 A，A' 均为选中状态.

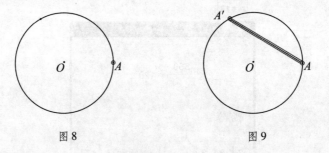

图8   图9

11. 选中点 A 及参数 $t_2 = 3$，同时按 shift 键，单击【变换】菜单中【迭代】命令. 此时下拉框中会出现【深度迭代】命令（图10）. 单击后出现迭代对话框（图11），在【迭代】对话框输入初象 A'，单击 $\boxed{迭代}$（图12）.

图 10   图 11

这时已完成内接正多边形的制作.选中参数 $t_2 = 3$,用"+,−"键控制,可随意增加或减小参数值.正多边形的边数也会随参数的变化而变化.

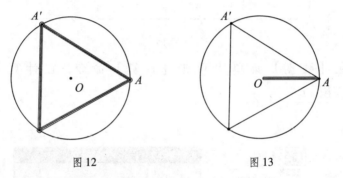

图 12   图 13

12. 选中圆 O 的半径 OA(图 13).

13. 在【度量】菜单中单击【长度】命令(图 14).

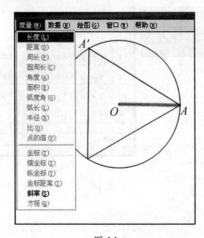

图 14

14 选中点 O，A，A'，选择【构造】/【多边形内部】，在多边形内部选中状态下单击【度量】菜单中的【面积】命令，屏幕上会出现 $\triangle OAA'$ 的面积值（图 15）.

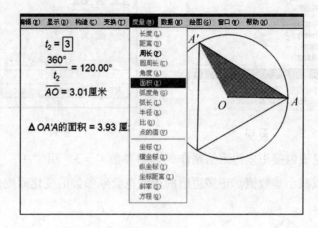

图 15

15. 在【数据】菜单中单击【计算】命令，在计算器中输入 $\dfrac{\triangle OAA'的面积 \cdot t_2}{AO^2}$（图 16）.

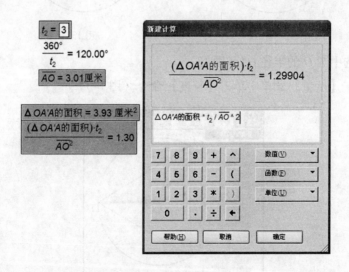

图 16

16. 选中参数 t_2，用"＋，－"键控制，发现当参数值越大时，方框内的值越接近于 π 值（图 17）.

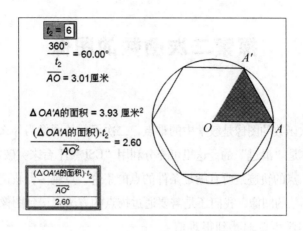

图 17

探索二次函数的图像

说明：二次函数的图像是教学中的难点，二次函数的图像为什么是抛物线？教材上的说明基本是"滑过"的．这里可充分利用"GSP"平台来突破这一难点．

基本思路：点的轨迹是所有满足条件的点的集合，点越多，轨迹越清晰．事实上，对于二次函数的图像，我们还是需要通过描点的方法来得到图像．课本上采用了 7 点描法，但学生普遍感到很难信服．把这 7 个点连起来就一定能看出它是一条抛物线？这里需要描出更多的点来增加说服力，在课堂有限的教学时间内，显然不允许．通过画板中"深度迭代"，可使难点得以解决．

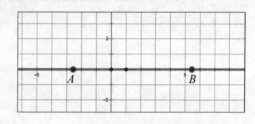

图 1

基本操作步骤：

1. 在【绘图】菜单中单击【定义坐标系】，选中横轴，在横轴上任选两点 A，B（图 1）．

2. 单击【数据】菜单中的【新建参数】命令（图 2），弹出【新建参数】对话框（图 3），输入数值 2，按下 确定 ，得 $t_1 = 2$.

图 2

图 3

3. 右键单击点 A，弹出下拉框，单击【横坐标】命令（图4）.

图4

4. 在【数据】对话框下单击【计算】命令，在【新建计算】对话框内输入 X_A^2 后点击 确定 （图5）.

5. 分别选中 X_A，X_A^2 方框，在【绘图】菜单中单击【绘制点 (x, y)】命令（图6）.

图5

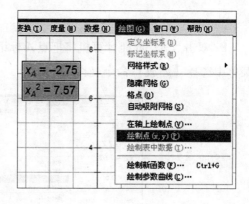

图6

6. 在【新建计算】对话框内输入 $1/t_1$，单击 确定 （图7）.

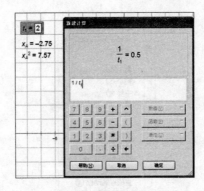

图7

7. 选中方框 $\dfrac{1}{t_1}$，在【变换】菜单中选中【标记比值】命令（图8）.

图8

8. 双击点 A，此时计算机将把点 A 标记为缩放中心，选中点 B，在【变换】菜单中选择【缩放】命令（图9）.

图9

9. 在【缩放】对话框内选中 标记比，点击 缩放 （图 10）.

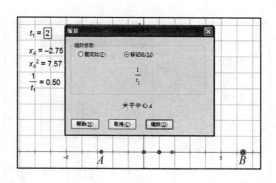

图 10

10. 得到点 B 经过缩放后的点 B'（图 11）.

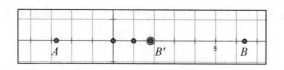

图 11

11. 选中点 A 和参数 t_1，单击【变换】菜单，同时按 shift 键，单击下拉框中的【深度迭代】命令（图 12）.

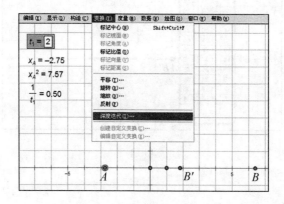

图 12

12. 在【迭代】对话框中输入初象 B'（只要点击 B'，即可完成输入）
（图 13）.

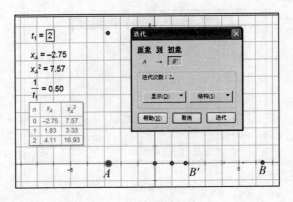

图 13

13. 此时已完成迭代，选中参数 t_1，按"＋，－"，随着参数值 t_1 的增大，点的个数越来越多. 如图 14，图形中出现了 74 个点，从直观上感知二次函数图像的描绘过程.

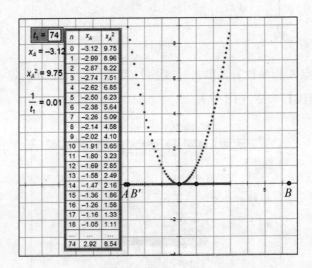

图 14

扇形的面积[①]

操作步骤:

1. 选取参数 n (不妨设 $n=7$).

计算 $\mathrm{round}\left(\dfrac{n}{2}\right)-1$ (等效于上一个取整函数) 和 $\mathrm{trunc}\left(\dfrac{n}{2}\right)-1$ (等效于下一个取整函数).

2. 作 $\odot O$ 及扇形 AOB (可设 $\angle AOB$ 是一个锐角).

计算角度 $\dfrac{\angle AOB}{n}$.

3. 弧 $\overset{\frown}{AB}$ 上取点 C (完成后,点 C 靠近点 A).

点 C 绕点 O 旋转 $\dfrac{\angle AOB}{n}$ 可得 D,连接 OC,OD,CD.

4. 构造扇形 COD 内部 (红色).

5. 点 C 绕点 O 逆时针旋转 $\dfrac{2\angle AOB}{n}$ 得点 E,将 $C \rightarrow E$ 作 $\left(\mathrm{round}\left(\dfrac{n}{2}\right)-1\right)$ 次深度迭代.

6. 将点 A 绕点 O 旋转 $\dfrac{\angle AOB}{n}$ 得点 A',在弧 $\overset{\frown}{A'B}$ 上构造点 F.

7. 将点 F 绕点 O 旋转 $\dfrac{\angle AOB}{n}$ 得点 G,构造扇形 FOG 及内部 (黄色).

8. 将点 F 绕点 O 旋转 $\dfrac{2\angle AOB}{n}$ 得点 H,将 $F \rightarrow H$ 作 $\left(\mathrm{trunc}\left(\dfrac{n}{2}\right)-1\right)$ 次深度迭代,调整点 C,F,使扇形 AOB 分为两组不同的扇形.

9. 作直线 l_1 及点 M,平移 M 到 Z,使 MZ 等于 O 到 CD 的距离 h.

10. 记 $CD=a$,将 M 左、右平移 $\dfrac{a}{2}$ 分别得点 X,Y,构造扇形 XZY (红色).

[①] 李孙昊. 利用几何画板迭代 推导扇形面积公式 [J]. 上海中学数学,2014 (7–8).

11. 将 M 向右平移 a 得 N，将 $M \to N$ 作 $\left(\text{round}\left(\dfrac{n}{2}\right) - 1\right)$ 次深度迭代.

12. 将点 Y 向上平移 h 得 Y'，过点 Y' 作 $l_2 /\!/ l_1$，在点 Y' 右侧作射线 $Y'Y''$.

13. 在射线 $Y'Y''$ 上任意取一点 P，将 P 左、右平移 $\dfrac{a}{2}$ 后分别得点 R，S，将点 P 向下平移 h 得点 T，构造扇形 TSR（黄色）.

14. 将点 P 向右平移 a 得点 Q，将 $P \to Q$ 作 $\left(\text{round}\left(\dfrac{n}{2}\right) - 1\right)$ 次深度迭代.

15. 调整点 P 的位置（靠近 Y'），隐藏 l_1，l_2.

作图问题探究

问题 1：已知：梯形 $ABCD$ 中，$AD /\!/ BC$，$AD = a$，$BC = b$（$b > a$），点 E，F 分别在 AB，DC 边上，且 $AD /\!/ EF$.

探究：若四边形 $AEFD$ 的面积等于四边形 $EBCF$ 的面积，求 EF 的长（用关于 a，b 的式子表示）；利用几何画板作出线段 EF，并改变 a，b 的长度，验证作图的正确性.

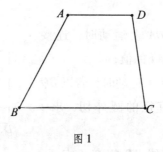

图 1

问题 2：已知：锐角 $\triangle ABC$，利用几何画板作矩形 $DEFG$，使矩形的四个顶点 D，E，F，G 在 $\triangle ABC$ 的边上，且 $DE = kEF\left(k = 1，\dfrac{2}{3}，\dfrac{AB}{AC}\right)$，拖动锐角 $\triangle ABC$ 顶点，验证结论的正确性.

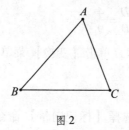

图 2

典型例题：实践应用（一）

一、双点运动型动态问题

例 1：如图 1 所示，在直角梯形 $ABCD$ 中，$AD \parallel BC$，$\angle C = 90°$，$BC = 12$，$AD = 18$，$AB = 10$．动点 P，Q 分别从点 D，B 同时出发，动点 P 沿射线 DA 的方向以每秒 2 个单位长的速度运动，动点 Q 在线段 BC 上以每秒 1 个单位长的速度向点 C 运动，当点 Q 运动到点 C 时，点 P 随之停止运动．设运动的时间为 t（秒）．

（1）当点 P 在线段 DA 上运动时，连接 BD，若 $\angle ABP = \angle ADB$，求 t 的值；

（2）当点 P 在线段 DA 上运动时，若以 BQ 为直径的圆与以 AP 为直径的圆外切，求 t 的值；

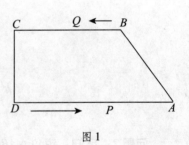

图 1

（3）设射线 PQ 与射线 AB 相交于点 E，$\triangle AEP$ 能否为等腰三角形？如果能，请直接写出 t 的值；如果不能，请说明理由．

"GSP" 解题思路辅助平台：

1. 作直角 $\angle ADC$，其中 $\dfrac{CD}{AD} = \dfrac{4}{9}$．

2. 标记中心 D，选中点 A，单击【变换】菜单下【缩放】命令．

3. 输入比值 $\dfrac{2}{3}$，得点 A'．

4. 依次选中点 D，A'，选择【标记向量】命令，选中点 C，单击【平移】命令，在【平移】框内选中【标记向量】命令，得点 B，则四边形 $ABCD$ 制作完成．

5. 在线段 AD 上任取一点 P，双击点 P，选中点 D，在【变换】菜单中选择

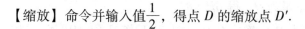
【缩放】命令并输入值 $\frac{1}{2}$，得点 D 的缩放点 D'.

6. 标记向量 PD'，选中点 B，在【平移】对话框内选中【标记向量】命令，确定后得点 Q，连接 BP.

效果：拖动点 P，可探究两圆外切（图2）及 $\triangle AEP$ 为等腰三角形时的各种位置的变化情况（图3-图5）.

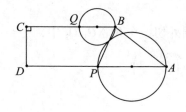

图 2

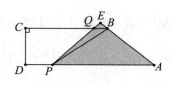

图 3

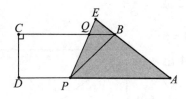

图 4

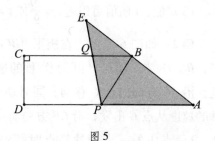

图 5

解：

（1）可求得：$DP = 2t$，$AP = 18 - 2t$.

∵ $\angle ABP = \angle ADB$，$\angle A = \angle A$，

∴ $\triangle ABP \backsim \triangle ADB$，

∴ $\dfrac{AB}{AD} = \dfrac{AP}{AB}$，

即 $AB^2 = AD \cdot AP$，

∴ $10^2 = 18 \times (18 - 2t)$，

解得：$t = \dfrac{56}{9}$.

∵ $\dfrac{56}{9} < 9$，

∴ $t = \dfrac{56}{9}$.

（2）过点 B 作 $BH \perp AD$，垂足为 H，得 $BH = 8$.

记 BQ 中点为 Q_1，AP 中点为 O_2，连接 O_1O_2，过点 O_1 作 $O_1I \perp AD$，垂足为 I，则 $Q_1I = BH = 8$，$BO_1 = \dfrac{t}{2}$，$CO_1 = 12 - \dfrac{t}{2}$，$AO_2 = \dfrac{18 - 2t}{2} = 9 - t$，$DO_2 = 9 + t$，

$\therefore O_2I = \left| (9 + t) - \left(12 - \dfrac{t}{2} \right) \right| = \left| \dfrac{3t}{2} - 3 \right|$.

当 $O_1O_2 = BO_1 + AO_2 = 9 - \dfrac{t}{2}$ 时，

以 BQ 为直径的圆与以 AP 为直径的圆外切，在 $\text{Rt} \triangle O_1IO_2$ 中，

$O_1O_2^2 = O_1I^2 + O_2I^2$，即 $\left(9 - \dfrac{t}{2} \right)^2 = 8^2 + \left(\dfrac{3t}{2} - 3 \right)^2$，

整理得：$t^2 = 4$，

$\because t > 0$，$\therefore t = 2$.

（3）能，t 的值可以是 $t = \dfrac{29}{9}$ 或 $t = \dfrac{8}{3}$ 或 $t = 2$ 或 $t = \dfrac{28}{3}$.

例 2：如图 6 所示，在矩形 $ABCD$ 中，$AB = 6$ 米，$BC = 8$ 米，动点 P 以 2 米/秒的速度从点 A 出发，沿 AC 方向向点 C 移动，同时动点 Q 以 1 米/秒的速度从点 C 出发，沿 CB 方向向点 B 移动，当 P，Q 两点中的一点到达终点时则停止运动．设 P，Q 两点移动 t 秒后，四边形 $ABQP$ 的面积为 S 平方米．

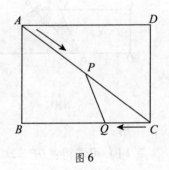

图 6

（1）求面积 S 关于时间 t 的函数关系，并求出 t 的取值范围．

（2）在 P，Q 两点的移动过程中，求当 $\triangle PQC$ 为等腰三角形时的 t 值．

"GSP" 解题思路辅助平台：

1. 作线段 BC，标记中心 B，选中点 C 后在【缩放】对话框内输入 $\dfrac{3}{4}$，得点 C'.

2. 标记中心 B，选中点 C'，在【旋转】对话框内输入 $90°$，得点 A.

3. 标记向量 BC，选中点 A，在【平移】对话框内选择【标记向量】命令，确定后得点 D，连接 AB，AD，DC，得矩形 $ABCD$.

4. 在 AC 上任取一点 P，对点 A【标记中心】，选中点 P，在【缩放】对话框内输入 $\frac{1}{2}$，确定得 P'.

5. 选中点 A，P'，【构造】线段 AP'，并同时选中点 C，在【构造】菜单中选择【以圆心与半径画圆】，圆 C 与 BC 的交点标签为 Q.

6. 隐藏选中部分，连接 PQ.

效果：在点 P 运动过程中，$\triangle PQC$ 的形状发生变化，容易观察到等腰三角形三种不同的位置关系（图7－图10）.

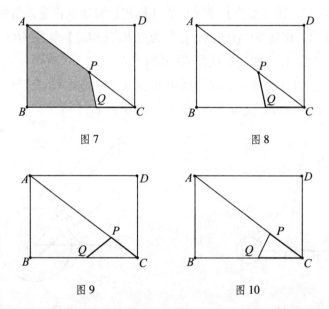

图7　　　　　　图8

图9　　　　　　图10

解：略.

例3：在 Rt$\triangle ABC$ 中，$\angle ABC = 90°$，$AC = 3$，$AB = 5$. 点 P 从点 C 出发沿 CA 以每秒1个单位长的速度向点 A 匀速运动，到达点 A 后立刻以原来的速度沿 AC 返回；点 Q 从点 A 出发沿 AB 以每秒1个单位长的速度向点 B 匀速运动. 伴随着 P，Q 的运动，DE 保持垂直平分 PQ，且交 PQ 于点 D，交折线 $Q-B-C-P$ 于点 E. 点 P，Q 同时出发，当点 Q 到达点 B 时立即停止运动，点 P 也随之停止. 设点 P，Q 运动的时间是 t 秒（$t>0$）.

（1）在点 P 从 C 向 A 运动的过程中，求 $\triangle APQ$ 的面积 S 与 t 之间的函数关系式（不必写出 t 的取值范围）.

（2）在点 E 从 B 向 C 运动的过程中，四边形 $QBED$ 能否成为直角梯形？若能，请求出 t 的值；若不能，请说明理由.

（3）当 DE 经过点 C 时，请你直接写出 t 的值.

"GSP" 解题思路辅助平台：

1. 作线段 CA，选中点 C，并点击【标记中心】.

2. 选中点 A，在【缩放】对话框输入 $\dfrac{4}{3}$，确定后得点 A'.

选中点 A，在【缩放】对话框输入 $\dfrac{5}{3}$，确定后得点 A''.

3. 选中点 A'，在【变换】菜单中的【旋转】对话框内输入角度 $90°$，得点 A' 关于点 A 逆时针旋转 $90°$ 后的点，标签为点 B，【构造】线段 AB，CB.

4. 选中线段 CA，【构造】线段 CA 上的点 P.

5. 【构造】以 A 为圆心，CP 为半径的圆 A，与线段 AB 交于点 Q，【构造】线段 PQ 的垂直平分线，交折线 $Q-B-C-P$ 于点 E.

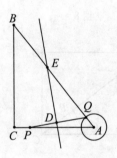

图 11

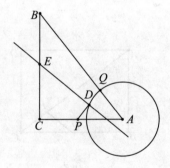

图 12

6. 选中线段 AA''，【构造】线段 AA'' 上的点 P'，作点 P' 关于点 A 的反射点 P.

7. 【构造】以 A 为圆心，CP' 为半径的圆交线段 AB 于点 Q，【构造】线段 PQ 的垂直平分线交折线 $Q-B-C-P$ 于点 E（图 11 -图 13）.

效果：拖动线段 CA 上的点 P，或线段 AA'' 上的点 P'，可探索变量 CP 与变量 $\triangle APQ$ 的面积 S 之间的函数关系. 观察四边形 $QBED$ 的形状发生的变化，且当 DE 经过点 C 时，探究点 P 的不同的位置.

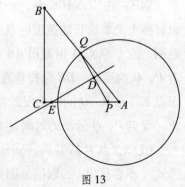

图 13

解：略.

例4：在直角梯形 $ABCD$ 中，$AB/\!/DC$，$\angle DAB = 90°$，$AD = 2DC = 4$，$AB = 6$. 动点 M 以每秒1个单位长的速度，从点 A 沿线段 AB 向点 B 运动；同时点 P 以相同的速度，从点 C 沿折线 $C - D - A$ 向点 A 运动. 当点 M 到达点 B 时，两点同时停止运动. 过点 M 作直线 $l/\!/AD$，与折线 $A - C - B$ 的交点为 Q. 点 M 运动的时间为 t（秒）.

（1）当 $t = 0.5$ 时，求线段 QM 的长.

（2）点 M 在线段 AB 上运动时，是否可以使得以 C，P，Q 为顶点的三角形为直角三角形，若可以，请直接写出 t 的值（不需写出解题步骤）；若不可以，请说明理由.

（3）若 $\triangle PCQ$ 的面积为 y，请求 y 关于 t 的函数关系式及自变量的取值范围.

"GSP"解题思路辅助平台：

1. 作线段 AB，选中点 A，并点击【标记中心】，选中点 B，在【缩放】对话框内输入 $\frac{2}{3}$，得点 B'，在【缩放】对话框输入 $\frac{1}{3}$，得 B''.

2. 选中点 B'，在【旋转】框内输入角度 $90°$，得点 D，依次选中点 A，B''，并点击【标记向量】，选中点 D，在【平移】框内选中【标记向量】，得点 C，【构造】线段 AD，DC，AC，BC.

3. 【构造】线段 AB 上的点 M，依次选中点 M，A，并点击【标记向量】，选中点 C，在【平移】对话框内选中【标记向量】，确定后得点 P.

4. 拖动点 M，当点 P 在线段 CD 的延长线上，点 P 标签改为 P'，选中点 D，并点击【标记中心】，选中点 P'，【旋转】$90°$，得点 P.

5. 【构造】过 M 且平行于 AD 的直线 l，并【构造】直线 l 与折线 $A - C - B$ 的交点 Q，连接 PQ.

效果：拖动点 M，可探索 $\triangle CPQ$ 的形状随着 M 点位置的移动不断发生改变（图14 - 图16），当点 P 在线段 AD 上时，发现四边形 $AMQP$ 始终为一个特殊平行四边形，此时有 $PQ/\!/AB$.

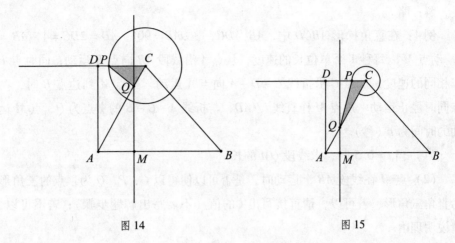

图 14   图 15

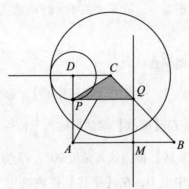

图 16

解:

(1) 由 $Rt\triangle AQM \backsim Rt\triangle CAD$,

$\therefore \dfrac{QM}{AM} = \dfrac{AD}{CD}$, 即 $\dfrac{QM}{0.5} = \dfrac{4}{2}$,

$\therefore QM = 1$.

(2) $t = 1$ 或 $\dfrac{5}{3}$ 或 4.

(3) 当 $0 < t < 2$ 时, 点 P 在线段 CD 上, 设直线 l 交 CD 于点 E,

由 (1) 可得, $\dfrac{QM}{AM} = \dfrac{AD}{CD}$, 即 $QM = 2t$,

$\therefore QE = 4 - 2t$.

$\therefore S_{\triangle PQC} = \dfrac{1}{2} PC \cdot QE = -t^2 + 2t$,

即 $y = -t^2 + 2t$.

当 $t > 2$ 时，过点 C 作 $CF \perp AB$ 交 AB 于点 F，交 PQ 于点 H，

$PA = DA - DP = 4 - (t - 2) = 6 - t$.

由题意得，$BF = AB - AF = 4$，

$\therefore CF = BF$，

$\therefore \angle CBF = 45°$，

$\therefore QM = MB = 6 - t$，

$\therefore QM = PA$，

$\therefore$ 四边形 $AMQP$ 为矩形，

$\therefore PQ /\!/ AB$，$CH \perp PQ$，$HF = AP = 6 - t$，

$\therefore CH = AD = HF = t - 2$，

$\therefore S_{\triangle PQC} = \dfrac{1}{2} PQ \cdot CH = \dfrac{1}{2} t^2 - t$，

即 $y = \dfrac{1}{2} t^2 - t$，

综上所述，$y = -t^2 + 2t$（$0 < t \leqslant 2$）或 $y = \dfrac{1}{2} t^2 - t$（$2 < t < 6$）.

二、旋转类动态问题

例5： 一把"T型"尺，其中 $MN \perp OP$，现将这把"T型"尺放置于矩形 $ABCD$ 中（其中 $AB = 4$，$AD = 5$），使边 OP 始终经过点 A，且保持 $OA = AB$，"T型"尺在绕点 A 转动的过程中，直线 MN 分别交边 BC，CD 于 E，F 两点.

（1）试问线段 BE 与 OE 的长度关系如何？并说明理由.

（2）当 $\triangle CEF$ 是等腰直角三角形时，求线段 BE 的长.

（3）设 $BE = x$，$CF = y$，试求 y 关于 x 的函数解析式，并写出函数的定义域.

"GSP" 解题思路辅助平台：

1. 作线段 AD，标记中心 A.

2. 选中点 D，在【缩放】对话框输入 $\dfrac{4}{5}$，得 D 点缩放后的点 D'.

3. 标记中心 A，在【旋转】对话框内输入 $90°$，得点 B.

4. 依次选中点 A，D，并在【变换】菜单中单击【标记向量】命令，选中

点 B，选择【变换】菜单中的【平移】命令，得点 C，连接 AB，BC，CD，得矩形 $ABCD$.

5. 以 A 为圆心，AB 为半径作弧，交 AD 边于点 G，在弧上取一点 O，过点 O 作 AO 的垂线交 BC 边于点 E，交 CD 边于点 F，连接 EF.

6. 选中不需要的直线和点，按 Ctrl + h 隐藏.

7. 过点 G 作 CD 的平行线交 EF 于点 H.

效果：点 O 在运动过程中发现 $\triangle ABE$ 与 $\triangle AOE$，$\triangle AGH$ 与 $\triangle AOH$ 始终保持全等（图17 – 图18）.

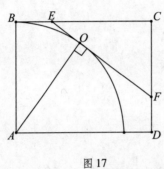

图 17 图 18

解：

（1）线段 BE 与 OE 的长度相等.

连接 AE，在 $\triangle ABE$ 与 $\triangle AOE$ 中，

∵ $OA = AB$，$AE = AE$，$\angle ABE = \angle AOE = 90°$，

∴ $\triangle ABE \cong \triangle AOE$.

∴ $BE = OE$.

（2）延长 AO 交 B 于点 T，

由 $\triangle CEF$ 是等腰直角三角形，

易知 $\triangle OET$ 与 $\triangle ABT$ 均为等腰直角三角形.

于是在 $\triangle ABT$ 中，$AB = 4$，则 $AT = 4\sqrt{2}$，

∴ $BE = OE = OT = 4\sqrt{2} - 4$.

（3）在 BC 上取点 H，使 $BH = BA = 4$，

过点 H 作 AB 的平行线，交 EF，AD 于点 K，L，

易知四边形 $ABHL$ 为正方形，由（1）可知，$KL = KO$.

令 $HK = a$，则在 $\triangle HEK$ 中，$EH = 4 - x$，$EK = x + 4 - a$，

∴ $(4-x)^2 + a^2 = (x+4-a)^2$,

化简得，$a = \dfrac{8x}{4+x}$.

又 $HL \parallel AB$,

∴ $\dfrac{y}{a} = \dfrac{EC}{EH} = \dfrac{5-x}{4-x}$, 即 $y = \dfrac{40x - 8x^2}{16 - x^2}$.

∴ 函数关系式为 $y = \dfrac{40x - 8x^2}{16 - x^2}$, 定义域为 $0 < x \leqslant 2$.

例6：在直角梯形 $ABCD$ 中，$AD \parallel BC$，$\angle BCD = 90°$，且满足 $CD = 2AD$，$\tan \angle ABC = 2$.

（1）求证：$BC = CD$.

（2）在边 AB 上找点 E，连接 CE，将 $\triangle BCE$ 绕点 C 顺时针方向旋转 $90°$ 得到 $\triangle DCF$. 连接 EF，如果 $EF \parallel BC$，试画出符合条件的大致图形，并求出 AE：EB 的值.

"GSP"解题思路辅助平台：

1. 作线段 BC，标记中心点 C，选中点 B，在【旋转】对话框内输入 $-90°$，确定得点 D.

2. 取 BC 中点 C'，依次选中点 C，C'，并【标记向量】CC'，选中点 D，在【平移】对话框选择【标记向量】，得点 A，连接 AB，CD，DA，得到满足条件的四边形 $ABCD$.

3. 在线段 AB 上任取一点 E，标记中心 C，选中点 E，在【旋转】对话框内输入 $-90°$，确定后得点 F，连接 CE，EF，DF，并【构造】$\triangle BCE$ 和 $\triangle DCF$ 的内部. 动态效果：在拖动点 E 过程中，发现 $\triangle BCE$ 和 $\triangle DCF$ 始终保持全等（图19－图20）.

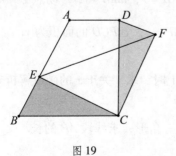

图 19

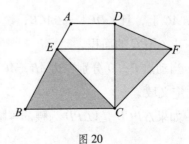

图 20

解：

（1）过点 A 作 $AH \perp BC$，垂足为点 H.

在 Rt$\triangle AHB$ 中，

∵ $\tan \angle ABC = 2$，

∴ $AH = 2BH$.

∵ $AD /\!/ BC$，$\angle BCD = 90°$，

∴ $AH = DC$，$AD = HC$.

∵ $CD = 2AD$，

∴ $AH = 2HC$，

∴ $BH = HC$，即 $BC = CD$.

（2）画出符合条件的大致图形：略.

根据题意得，在 $\triangle ECF$ 中，$CE = CF$，$\angle ECF = 90°$，$\angle FDC = \angle CBE$.

∵ $EF /\!/ BC$，

∴ $DC \perp EF$，

∴ $\angle ECD = \angle FCD = 45°$，$CM = FM$.

设 EF 与 DC 交于点 M，

在 Rt$\triangle DMF$ 中，

∵ $\tan \angle FDM = \tan \angle ABC = 2$，

∴ $FM = 2DM$，

∴ $\dfrac{AE}{EB} = \dfrac{DM}{CM} = \dfrac{1}{2}$.

三、等角类动态问题

例7：已知在 $\triangle ABC$ 中，$\angle A = 45°$，$AB = 7$，$\tan B = \dfrac{4}{3}$，动点 P，D 分别在射线 AB，AC 上，且 $\angle DPA = \angle ACB$，设 $AP = x$，$\triangle PCD$ 的面积为 y.

（1）求 $\triangle ABC$ 的面积.

（2）当动点 P，D 分别在边 AB，AC 上时，求 y 关于 x 的函数解析式，并写出函数的定义域.

（3）如果 $\triangle PCD$ 是以 PD 为腰的等腰三角形，求线段 AP 的长.

"GSP"解题思路辅助平台:

1. 作射线 AB,标记中心点 A,选中点 B,在【旋转】框内输入 $45°$,得点 B'.

2. $\tan\angle ABC = \dfrac{4}{3}$. 作法:标记中心点 A,选中点 B,在【旋转】框内输入 $\dfrac{4}{3}$,得点 B'',标记中心 A,选中点 B'',在【变换】菜单中【缩放】对话框内输入 $90°$,得 C',连接 BC',与射线 AB' 交于点 C.

3. 在射线 AB 上选中点 P,再依次选中点 B,C,A,标记角度,选中点 P 并标记中心,选中点 A,在【旋转】框内选中标记角度,得点 A'.

4. 射线 PA' 与射线 AB' 交于点 D.

5. 选中所要隐藏的元素,点击 Ctrl + h 隐藏.

6. 拖动点 P,随着点 P 的变化,$\triangle PCD$ 的形状也发生变化,容易观察到等腰三角形 3 种不同的位置关系并进行讨论(图 21 – 图 24).

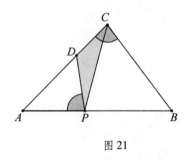

图 21

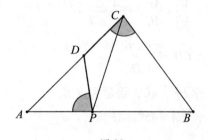

图 22

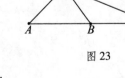

图 23

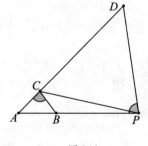

图 24

解:

(1)作 $CH\perp AB$,垂足为点 H.

设 $CH = m$,

∵ $\tan B = \dfrac{4}{3}$,

$\therefore BH = \dfrac{3}{4}m.$

$\because \angle A = 45°,$

$\therefore AH = CH = m,$

$\therefore m + \dfrac{3}{4}m = 7,$

$\therefore m = 4,$

$\therefore \triangle ABC$ 的面积 $S = \dfrac{1}{2} \times 7 \times 4 = 14.$

（2）$\because AH = CH = 4,$

$\therefore AC = 4\sqrt{2}.$

$\because \angle DPA = \angle ACB,\ \angle A = \angle A,$

$\therefore \triangle ADP \backsim \triangle ABC.$

$\therefore \dfrac{AD}{AB} = \dfrac{AP}{AC},$ 即 $\dfrac{4\sqrt{2} - CD}{7} = \dfrac{x}{4\sqrt{2}},$

$\therefore CD = \dfrac{32 - 7x}{4\sqrt{2}}.$

作 $PE \perp AC$，垂足为点 E.

$\because \angle A = 45°,\ AP = x,$

$\therefore PE = \dfrac{x}{\sqrt{2}},$

$\therefore$ 所求的函数解析式为 $y = \dfrac{1}{2} \cdot \dfrac{32 - 7x}{4\sqrt{2}} \cdot \dfrac{x}{\sqrt{2}},$

即 $y = -\dfrac{7}{16}x^2 + 2x,$

定义域为 $0 < x < \dfrac{32}{7}.$

（3）由 $\triangle ADP \backsim \triangle ABC$，得 $\dfrac{PD}{BC} = \dfrac{AP}{AC}$，即 $\dfrac{PD}{5} = \dfrac{x}{4\sqrt{2}},$

$\therefore PD = \dfrac{5x}{4\sqrt{2}}.$

$\because \triangle PCD$ 是以 PD 为腰的等腰三角形，

$\therefore PD = CD$ 或 $PD = PC.$

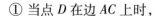

① 当点 D 在边 AC 上时，

∵ $\angle PDC$ 是钝角，只有 $PD = CD$，

∴ $\dfrac{5x}{4\sqrt{2}} = \dfrac{32 - 7x}{4\sqrt{2}}$，

解得，$x = \dfrac{8}{3}$.

② 当点 D 在边 AC 的延长线上时，

$CD = \dfrac{32 - 7x}{4\sqrt{2}}$，$PC = \sqrt{(x - 4)^2 + 4^2}$.

如果 $PD = CD$，那么 $\dfrac{5x}{4\sqrt{2}} = \dfrac{7x - 32}{4\sqrt{2}}$，

解得，$x = 16$.

如果 $PD = PC$，那么 $\dfrac{5x}{4\sqrt{2}} = \sqrt{(x - 4)^2 + 4^2}$，

解得 $x_1 = 32$，$x_2 = \dfrac{32}{7}$（不符合题意，舍去）.

综上所述，AP 的长为 $\dfrac{8}{3}$，或 16，或 32.

例 8：在 $\triangle ABC$ 中，$AB = AC = 2$，$\angle A = 90°$，P 为 BC 的中点，E，F 分别是 AB，AC 上的动点，$\angle EBP = 45°$.

（1）求证：$\triangle BPE \backsim \triangle CFP$.

（2）设 $BE = x$，$\triangle PEF$ 的面积为 y，求 y 关于 x 的函数解析式，并写出 x 的取值范围.

（3）当 E，F 在运动过程中，$\angle EFP$ 是否可能等于 $60°$，若可能，请求出 x 的值，若不可能，请说明理由.

"GSP"解题思路辅助平台：

1. 在左侧工具栏中选择点工具，在界面上选取任意两点，标签为点 A，B.

2. 【构造】线段 AB，双击点 A，并选中点 B，在【变换】菜单中选择【旋转】命令.

3. 在【旋转】对话框输入角度 $45°$，得点 B 关于点 A 逆时针旋转 $45°$ 后的点，标签为点 C，【构造】线段 BC，AC（或在自定义工具栏中直接作等腰直角三角形，图 25）.

4. 选中线段 BC，并点击【构造】／【中点】，标签为点 P.

5. 选中线段 AB，【构造】线段 AB 上的点 E，选中点 P，并点击【标记中心】，选中点 E，在【变换】菜单中选择【旋转】，并在【旋转】对话框内输入 $-45°$，得点 E 关于点 P 顺时针旋转 $45°$ 后的点，标签为点 E'.

6. 【构造】射线 PE'，射线 PE' 与线段 AC 交点标签为 F，隐藏射线 PE'，并【构造】线段 EF，PF.

效果：拖动点 E，可探究 BE 的长与变量 $\triangle PEF$ 的面积之间的数量关系，【度量】$\angle EFP$ 的大小，观察当 $\angle EFP$ 接近 $60°$ 时，点 E 的位置（图 26 – 图 27）.

图 25

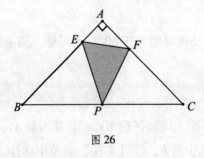

图 26

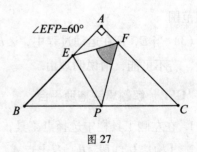

图 27

解：

（1）∵ $AB = AC$，$\angle A = 90°$，

∴ $\angle B = \angle C = 45°$.

又∵ $\angle EPC = \angle EPF + \angle FPC$，$\angle EPC = \angle B + \angle BEP$，$\angle EPF = 45°$，

∴ ∠FPC = ∠BEP,

∴ △BPE ∽ △CFP.

（2）作 EG⊥BC，PH⊥BC，垂足分别是 G，H.

∵ △BPE ∽ △CFP,

∴ $\dfrac{BE}{CP} = \dfrac{BP}{FC}$，$\dfrac{x}{\sqrt{2}} = \dfrac{\sqrt{2}}{FC}$，$FC = \dfrac{2}{x}$，

∴ $EG = \dfrac{\sqrt{2}}{2}x$，$FH = \dfrac{\sqrt{2}}{x}$，

$y = S_{\triangle ABC} - S_{\triangle AEF} - S_{\triangle BEP} - S_{\triangle FPC}$，

即 $y = 2 - \dfrac{1}{2}(2-x)\left(2 - \dfrac{2}{x}\right) - \dfrac{1}{2}\sqrt{2}\cdot\dfrac{\sqrt{2}}{2}x - \dfrac{1}{2}\sqrt{2}\cdot\dfrac{\sqrt{2}}{x}$，

化简得，$y = \dfrac{1}{x} + \dfrac{x}{2} - 1$，$1 \leqslant x \leqslant 2$.

（3）作 EM⊥EP，垂足为 M.

设 $FM = a$，

在 Rt△EMF 中，得 $EM = \sqrt{3}a$，

在 Rt△EMP 中，得 $PM = \sqrt{3}a$，$EP = \sqrt{6}a$，

$\dfrac{EP}{FP} = \dfrac{\sqrt{6}a}{a + \sqrt{3}a} = \dfrac{\sqrt{6}}{1 + \sqrt{3}}$，

∵ △BPE ∽ △CFP,

∴ $\dfrac{x}{\sqrt{2}} = \dfrac{\sqrt{6}}{1 + \sqrt{3}}$，

∴ $x = 3 - \sqrt{3}$.

四、函数中的动态问题

例9：如图28所示，已知平面直角坐标系 xOy，抛物线 $y = -x^2 + bx + c$ 经过点 A（4，0），B（1，3）.

（1）求该抛物线的表达式，并写出该抛物线的对称轴和顶点坐标；

（2）记该抛物线的对称轴为直线 l，设

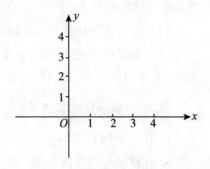

图28

抛物线上的点 P（m，n）在第四象限，点 P 关于直线 l 的对称点为 E，点 E 关于 y 轴的对称点为 F，若四边形 $OAPF$ 的面积为 20，求 m，n 的值.

"GSP" 解题思路辅助平台：

1. 【定义坐标系】，在 x 轴上取两点，并构造线段（拖动线段两端点，可调整抛物线），在线段上任取点 M.

2. 右击点 M，在下拉框内选取横坐标.

3. 在【计算】对话框输入值 $-X_M^2 + 4X_M$，得到一个新的值 Y_M.

4. 选中 X_M，Y_M 的值，在【数据】菜单下单击【绘制（x，y）】命令，在坐标平面内得点 P.

5. 依次选中 M，P，点击【构造】/【轨迹】，弹出 $y = -x^2 + 4x$ 的图像，调整线段的两端点，得图 29 所示的图像.

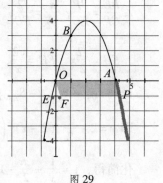

图 29

6. 选中点 P 并【追踪点的轨迹】，当 $X_M > 4$ 时，追踪到点 P 轨迹，并作点 P 关于直线 $x = 2$ 的对称点 E，作点 E 关于 y 轴的对称点 F，点击【构造】/【四边形 $OFPA$ 内部】（图 30）.

动态效果：在 M 点（$X_M > 4$）移动过程中，发现四边形 $OFPA$ 形状始终为平行四边形.

解：略.

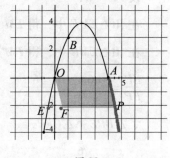

图 30

例10：点 A（2，6）和点 B（点 B 在点 A 的右侧）在反比例函数的图像上，点 C 在 y 轴上，$BC /\!/ x$ 轴，$\tan \angle ACB = 2$，二次函数的图像经过 A，B，C 三点.

（1）求反比例函数和二次函数的解析式.

（2）如果点 D 在 x 轴的正半轴上，点 E 在反比例函数的图像上，四边形 $ACDE$ 是平行四边形，求 CD 边的长.

"GSP" 解题思路辅助平台：

1. 在【数据】菜单中【定义坐标系】.

2. 在横轴上选取两点 M，N，【构造】线段 MN（这样，通过移动点 M，N 可调整抛物线的端点）.

3. 选中线段 MN，【构造】线段上的点 P，Q.

4. 右击点 P，在下拉框中选择横坐标得 X_P 值，在【计算】框内输入 $\dfrac{12}{X_P}$，得 $\dfrac{12}{X_P}$ 数据框.

5. 选中数据框内 X_P，$\dfrac{12}{X_P}$，在【数据】菜单中选中【绘制 (x, y)】命令，在图像上显示出点 P'，依次选中点 P，P'，在【构造】菜单中单击【轨迹】命令，得双曲线 $y = \dfrac{12}{x}$ 的图像.

6. 在线段 MN 上选取点 Q，步骤同上，可得抛物线 $y = -\dfrac{1}{2}x^2 + 3x + 2$ 的图像.

7. 选择【点工具】，移动到双曲线与抛物线交点处，当两条曲线均呈现选中状态，表示该点即为交点，依次类推，构造出交点 A，B，C.

8. 在 $y = \dfrac{12}{x}$ 图像上选取点 E，过点 E 作 AC 的平行线交 x 轴于点 D，选中点 A，C，D，E，点击【构造】/【四边形内部】.

动态效果：拖动点 E，观察到四边形 $ACDE$ 的形状随着发生变化，当四边形 $ACDE$ 为平行四边形时，有 $\angle ACB = \angle EDN$，$AC = ED$，可得到点 A 到 BC 的距离等于点 E 到 x 轴的距离（图31 – 图32）.

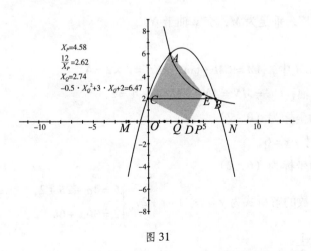

图 31

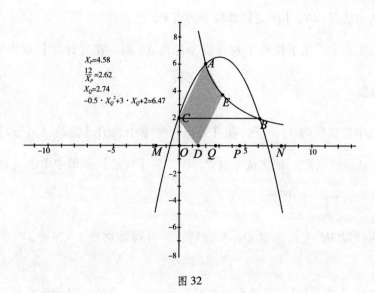

图 32

解：

（1）设反比例函数的解析式为 $y = kx$.

∵ 点 A（2，6）在反比例函数的图像上，

∴ $6 = \dfrac{k}{2}$,

∴ $k = 12$,

∴ 反比例函数的解析式为 $y = \dfrac{12}{x}$.

作 $AM \perp BC$，垂足为 M，交 y 轴于 N,

∴ $CM = 2$.

在 $\mathrm{Rt}\triangle ACM$ 中，$AM = CM \cdot \tan \angle ACB = 2 \times 2 = 4$.

∵ $BC /\!/ x$ 轴，$OC = MN = AN - AM = 6 - 4 = 2$,

∴ 点 C 的坐标为（0，2）.

当 $y = 2$ 时，$x = 6$,

∴ 点 B 的坐标为（6，2）.

设二次函数的解析式为 $y = ax^2 + bx + 2$，$\begin{cases} 6 = 4a + 2b + 2, \\ 2 = 36a + 6b + 2, \end{cases}$

∴ $\begin{cases} a = -\dfrac{1}{2}, \\ b = 3, \end{cases}$

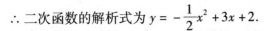

$\therefore$ 二次函数的解析式为 $y = -\dfrac{1}{2}x^2 + 3x + 2$.

（2）延长 AC 交 x 轴于点 G，作 $EH \perp x$ 轴，垂足为 H.

$\because$ 在 $\square ACDE$ 中，$AC /\!/ DE$，

$\therefore \angle AGO = \angle EDH$.

$\because BC /\!/ x$ 轴，

$\therefore \angle ACM = \angle AGO$，

$\therefore \angle ACM = \angle EDH$.

$\because \angle AMC = \angle EHD = 90°$，$AC = ED$，

$\therefore \triangle ACM \cong \triangle EHD$，

$\therefore EH = AM = 4$，$DH = CM = 2$，

$\therefore$ 点 E 坐标为（3，4），

$\therefore OE = 3$，$OD = OE - DH = 1$，

$\therefore CD = \sqrt{OC^2 + OD^2} = \sqrt{2^2 + 1^2} = \sqrt{5}$.

例 11： 已知抛物线过点 A（0，6），B（2，0），$C\left(7, \dfrac{5}{2}\right)$.

（1）求该抛物线的解析式.

（2）若点 D 是抛物线的顶点，点 E 是抛物线的对称轴与直线 AC 的交点，点 F 与点 E 关于点 D 对称，求证：$\angle CFE = \angle AFE$.

（3）在 y 轴上是否存在这样的点 P，使 $\triangle AFP$ 与 $\triangle FDC$ 相似，若有，请求出所有符合条件的点 P 的坐标. 若没有，请说明理由.

"GSP" 解题思路辅助平台：

1. 在【绘图】菜单中选择【定义坐标系】.

2. 选中 x 轴，【构造】x 轴上的点 M.

3. 右击点 M，在下拉框中选择【横坐标】，得 M 点【横坐标】数值框 $\boxed{X_M =}$.

4. 在【数据】菜单中选择【计算】，在计算器中输入值 $0.5X_M^2 - 4X_M + 6$.

5. 依次选中数值框 $\boxed{X_M}$ 和 $\boxed{0.5X_M^2 - 4X_M + 6}$，在【绘图】菜单中选择【绘制点】，在坐标平面内弹出点 M'.

6. 选中点 M，M'，点击【构造】/【轨迹】，得二次函数 $y = \dfrac{1}{2}x^2 - 4x + 6$

的图像.

7. 将该二次函数图像与 y 轴交点标签为点 A，与 x 轴交点标签为点 B，顶点标签为点 D.

8. 选中点 O，并点击【标记中心】，选中点 B，在【变换】菜单中选择【缩放】命令，在【缩放】对话框输入 $\dfrac{7}{2}$，得 B'，此时点 B' 的横坐标为 7.

9. 过点 B' 作 x 轴垂线与抛物线交于点 C，【构造】直线 AC，与抛物线对称轴交于点 E，将点 E 关于点 D 的反射点标签为点 F.

10.【度量】$\angle CFE$ 与 $\angle AFE$ 的角度，可探究 $\angle CFE$ 与 $\angle AFE$ 的数量关系（图 33）.

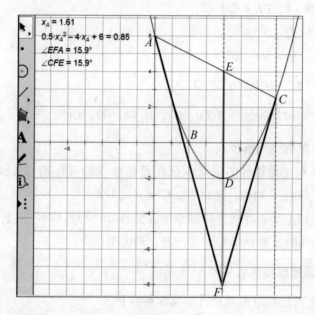

图 33

解：

（1）设经过 $A\,(0,6)$，$B\,(2,0)$，$C\left(7,\dfrac{5}{2}\right)$ 三点的抛物线的解析式为 $y=ax^2+bx+c$，

则 $\begin{cases} c=6, \\ 4a+2b+c=0, \\ 49a+7b+c=\dfrac{5}{2}, \end{cases}$

解得 $a = \dfrac{1}{2}$，$b = -4$，$c = 6$，

∴ 此抛物线的解析式为 $y = \dfrac{1}{2}x^2 - 4x + 6$.

（2）过点 A 作 $AM // x$ 轴，交 FC 于点 M，交对称轴于点 N.

∵ 抛物线的解析式 $y = \dfrac{1}{2}x^2 - 4x + 6$ 可变形为 $y = \dfrac{1}{2}(x - 4)^2 - 2$，

∴ 抛物线对称轴是直线 $x = 4$，顶点 D 的坐标为（4，-2），则 $AN = 4$.

设直线 AC 的解析式为 $y = k_1 x + b_1$，

则有 $\begin{cases} b_1 = 6, \\ 7k_1 + b_1 = \dfrac{5}{2}, \end{cases}$ 解得 $k_1 = -\dfrac{1}{2}$，$b_1 = 6$，

∴ 直线 AC 的解析式为 $y = -\dfrac{1}{2}x + 6$.

当 $x = 4$ 时，$y = -\dfrac{1}{2} \times 4 + 6 = 4$，

∴ 点 E 的坐标为（4，4）.

∵ 点 F 与点 E 关于点 D 对称，则点 F 的坐标为（4，-8），

设直线 FC 的解析式为 $y = k_2 x + b_2$，

则有 $\begin{cases} 4k_2 + b_2 = -8, \\ 7k_2 + b_2 = \dfrac{5}{2}, \end{cases}$ 解得 $k_2 = \dfrac{7}{2}$，$b_2 = -22$，

∴ 直线 FC 的解析式为 $y = \dfrac{7}{2}x - 22$.

∵ AM 与 x 轴平行，则点 M 的纵坐标为 6.

当 $y = 6$ 时，则有 $\dfrac{7}{2}x - 22 = 6$，解得 $x = 8$，

∴ $AM = 8$，$MN = AM - MN = 4$，

∴ $AN = MN$.

∵ $FN \perp AM$，

∴ $\angle ANF = \angle MNF$.

又 $NF = NF$，

∴ $\triangle ANF \cong \triangle MNF$，

∴ ∠CFE = ∠AFE.

(3) ∵ C 的坐标为 $\left(7, \dfrac{5}{2}\right)$, F 的坐标为 (4, -8),

∴ $CF = \sqrt{\left(\dfrac{5}{2}+8\right)^2 + (7-4)^2} = \dfrac{3\sqrt{53}}{2}$.

∵ A 的坐标为 (0, 6),

∴ $FA = \sqrt{(6+8)^2 + 4^2} = 2\sqrt{53}$.

又 DF = 6,

∵ EF // AO, 则有 ∠PAF = ∠AFE.

又由 (2) 可知 ∠DFC = ∠AFE,

∴ ∠PAF = ∠DFC.

若 △AFP₁ ∽ △FCD,

则 $\dfrac{P_1 A}{DF} = \dfrac{AF}{CF}$, 即 $\dfrac{P_1 A}{6} = \dfrac{2\sqrt{53}}{\dfrac{3\sqrt{53}}{2}}$, 解得 $P_1 A = 8$,

∴ $OP_1 = 8 - 6 = 2$,

∴ P_1 的坐标为 (0, -2).

若 △AFP₂ ∽ △FDC,

则 $\dfrac{P_2 A}{CF} = \dfrac{AF}{DF}$, 即 $\dfrac{P_2 A}{\dfrac{3\sqrt{53}}{2}} = \dfrac{2\sqrt{53}}{6}$, 解得 $P_2 A = \dfrac{53}{2}$,

∴ $OP_2 = \dfrac{53}{2} - 6 = \dfrac{41}{2}$,

∴ P_2 的坐标为 $\left(0, -\dfrac{41}{2}\right)$.

所以符合条件的点 P 有两个,

分别是 P_1 (0, -2), $P_2\left(0, -\dfrac{41}{2}\right)$.

例 12: 已知在平面直角坐标系中, 一次函数 $y = x + 3$ 的图像与 y 轴相交于点 A, 二次函数 $y = -x^2 + bx + c$ 的图像经过点 A, B (1, 0), D 为顶点.

(1) 求这个二次函数的解析式, 并写出顶点 D 的坐标.

(2) 将上述二次函数的图像沿 y 轴向上或向下平移, 使点 D 的对应点 C 在一次函数 $y = x + 3$ 的图像上, 求平移后所得图像的表达式.

（3）设点 P 在一次函数 $y = x + 3$ 的图像上，且 $S_{\triangle ABP} = 2S_{\triangle ABC}$，求点 P 的坐标.

"GSP" 解题思路辅助平台：

1. 在【绘图】菜单中【定义坐标系】.

2. 【构造】横轴上的点 M，右击点 M，在下拉框中选择横坐标，得点 M 的横坐标数据框 X_M.

3. 在【数据】菜单中选择【计算】，在计算器内输入 $X_M + 3$，得数据框 $X_M + 3$，选中数据框 X_M 及 $X_M + 3$，在【绘图】菜单中选择【绘制点】，在坐标平面内弹出点 M'.

4. 依次选中点 M 及 M'，在【构造】菜单中选择【轨迹】，得一次函数 $y = x + 3$ 的图像，【构造】直线 $y = x + 3$ 与 y 轴的交点，标签为点 A.

5. 同理，在计算器中输入 $-X_M^2 - 2X_M + 3$，选中数据框 X_M 及 $-X_M^2 - 2X_M + 3$，点击【绘制点】，在坐标平面内弹出点 M''，选中【轨迹】命令，得二次函数 $y = -x^2 - 2x + 3$ 的图像.

6. 【构造】二次函数 $y = -x^2 - 2x + 3$ 的图像与 x 轴的交点，从左到右标签分别为点 F，B.

7. 【构造】线段 BF 的垂直平分线，得到与抛物线的交点，标签为点 D，点 D 即为抛物线的顶点，【构造】BF 的垂直平分线与直线 $y = x + 3$ 的交点，标签为点 C.

8. 【度量】线段 DC 与 OA 的长度，并计算比值，可得 $\dfrac{DC}{OA} = \dfrac{2}{3}$，即向上平移了 2 个单位.

9. 【构造】直线 AF 上的点 P，【度量】$\triangle ABC$ 和 $\triangle ABP$ 的面积，【计算】$\triangle ABP$ 和 $\triangle ABC$ 的面积比，拖动点 P，则可探究得到当 $S_{\triangle ABP} = 2S_{\triangle ABC}$ 时点 P 的两种不同的位置（图 34 - 图 35）.

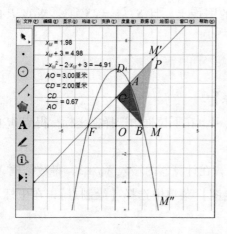

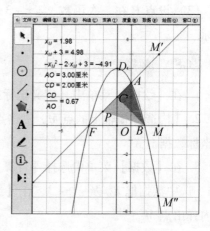

图 34   图 35

解：

（1）由 $x=0$，得 $y=3$，

∴ 点 A 的坐标为（0，3）.

∵ 二次函数 $y=-x^2+bx+c$ 的图像经过点 A（0，3），B（1，0），

∴ $\begin{cases} c=3, \\ -1+b+c=0, \end{cases}$

解得 $\begin{cases} b=-2, \\ c=3, \end{cases}$

∴ 所求二次函数的解析式为 $y=-x^2-2x+3$，

∴ 顶点 D 的坐标为（-1，4）.

（2）设平移后的图像解析式为 $y=-(x+1)^2+k$.

根据题意，可知点 C（-1，k）在一次函数 $y=x+3$ 的图像上，

∴ $-1+3=k$，解得 $k=2$.

∴ 所求图像的表达式为 $y=-(x+1)^2+2$ 或 $y=-x^2-2x+1$.

（3）设直线 $x=-1$ 与 x 轴交于点 E.

由（2）得 C（-1，2）.

又由 A（0，3），得 $AC=\sqrt{(-1-0)^2+(2-3)^2}=\sqrt{2}$.

根据题意，设点 P 的坐标为（m，$m+3$）.

∵ $\triangle ABP$ 与 $\triangle ABC$ 同高，

于是，当 $S_{\triangle ABP}=2S_{\triangle ABC}$ 时，得 $AP=2AC=2\sqrt{2}$.

此时，有两种不同的情况：

（ⅰ）当点 P 在线段 CA 的延长线上时，得 $CP = CA + AP = 3\sqrt{3}$，且 $m > 0$.

过点 P 作 PQ_1 垂直于 x 轴，垂足为点 Q_1，

易得 $\dfrac{EO}{CA} = \dfrac{AP}{OQ_1}$，

$\therefore \dfrac{1}{\sqrt{2}} = \dfrac{m}{2\sqrt{2}}$，解得 $m = 2$，即得 $m + 3 = 5$，

$\therefore P_1$（2，5）.

（ⅱ）当点 P 在线段 AC 的延长线上时，得 $CP = AP - AC = \sqrt{2}$，且 $m < 0$.

过点 P 作 PQ_2 垂直于 x 轴，垂足为点 Q_2，

易得 $\dfrac{OE}{AC} = \dfrac{EQ_2}{PC}$，

$\therefore \dfrac{1}{\sqrt{2}} = \dfrac{-1-m}{\sqrt{2}}$，解得 $m = -2$，即得 $m + 3 = 1$，

$\therefore P_2$（-2，1）.

综上所述，点 P 的坐标为（2，5）或（-2，1）.

五、平移类动态问题

例 13：在梯形 $ABCD$ 中，$AD /\!/ BC$，E，F 分别是 AB，DC 边的中点，$AB = 4$，$BC = 8$，$\angle B = 60°$.

（1）求点 E 到 BC 边的距离.

（2）点 P 为线段 EF 上的一个动点，过点 P 作 $PM \perp BC$，垂足为点 M，过点 M 作 $MN /\!/ AB$ 交线段 AD 于点 N，连接 PN. 探究：当点 P 在线段 EF 上运动时，$\triangle PMN$ 的面积是否发生变化？若不变，请求出 $\triangle PMN$ 的面积；若变化，请说明理由.

"GSP" 解题思路辅助平台：

1. 作线段 BC，【构造】BC 的中点 C'.

2. 标记中心点 B，选中点 C'，在【旋转】对话框输入角度 60°，得点 A.

3. 选中点 A，线段 BC，在【构造】菜单选择【平行线】命令，并【构造】平行线上的点 D，拖动点 D，使得点 D 在点 A 右侧，连接 AB，AD，DC，这样四边形 $ABCD$ 制作完成.

4. 【构造】线段 AB，DC 的中点 E，F，连接 EF，在线段 EF 上取点 P.

5. 选中点 P，线段 BC，点击【构造】／【垂直】，垂足为点 M，选中点 M 和线段 AB，点击【构造】／【平行线】，交 AD 于点 N，拖动点 P，交 DC 于点 N.

6. 连接 PN，PM，MN，并按"Ctrl＋h"隐藏多余的线和点.

效果：拖动点 P，当点 D 在 AD 上时，发现△PMN 形状大小不发生变化，当点 D 在 DC 上时，可得到△PMN 为等腰三角形时的不同图形状态（图36－图38）.

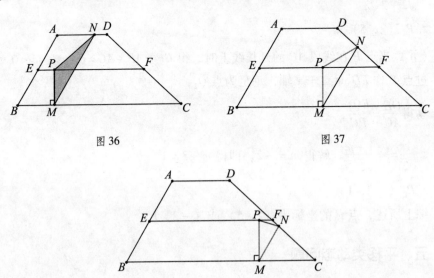

图36　　　　　　　　图37

图38

解：

（1）过点 E 作 $EG \perp BC$，垂足为点 G，由 $AB = 4$，E 为 AB 的中点，得 $BE = 2$.

在 Rt△EBG 中，$\sin \angle B = \dfrac{EG}{EB}$，$EG = EG \cdot \sin \angle B = 2\sin 60° = \sqrt{3}$.

（2）不变.

解法：在梯形 $ABCD$ 中，由 $AD /\!/ BC$，$MN /\!/ AB$，得 $MN = AB = 4$.

过点 P 作 $PH \perp MN$，垂足为 H.

由 $MN /\!/ AB$ 得，$\angle NMC = \angle B = 60°$，所以 $\angle PMH = 30°$.

由 E，F 是 AB，DC 边的中点，得 $EF /\!/ BC$，

由 $EG \perp BC$，$PM \perp BC$，得 $EG /\!/ PM$，

$\therefore PM = EG = \sqrt{3}$.

在 Rt△PMH 中，$\sin \angle PMH = \dfrac{PH}{PM}$，所以 $PH = PM \cdot \sin 30° = \dfrac{\sqrt{3}}{2}$，

$$\therefore S_{\triangle PMN} = \frac{1}{2}PH \cdot MN = \frac{1}{2} \times 4 \times \frac{\sqrt{3}}{2} = \sqrt{3}.$$

例 14: 已知在 $\triangle ABC$ 中,$AB = AC$,$\angle B = 30°$,$BC = 6$,点 D 在边 BC 上,点 E 在线段 DC 上,$DE = 3$,$\triangle DEF$ 是等边三角形,边 DF,EF 与边 BA,CA 分别相交于点 M,N.

(1) 求证:$\triangle BDM \backsim \triangle CEN$.

(2) 当点 M,N 分别在边 BA,CA 上时,设 $BD = x$,$\triangle ABC$ 与 $\triangle DEF$ 重叠部分的面积为 y,求 y 关于 x 的函数解析式,并写出定义域(图 39).

(3) 是否存在点 D,使以点 M 为圆心,BM 为半径的圆与直线 EF 相切,若存在,请求出 x 的值;若不存在,请说明理由.

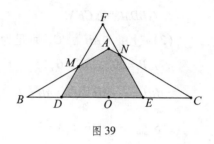

图 39

"GSP" 解题思路辅助平台:

1. 作线段 BC,标记点 B,选中点 C,在【变换】菜单下【旋转】对话框输入 $30°$,得 C'.

2. 标记点 C,选中点 B,在【变换】菜单下【旋转】对话框输入 $-30°$,得 B',射线 BC' 和射线 CB' 交于点 A.

3. 按 "Ctrl + h" 隐藏选中的射线 BC',CB' 及点 B',C',连接 AB,AC,这样 $\triangle ABC$ 制作完成.

4. 【构造】线段 BC 的中点 O,标记向量 BO,在 BC 边上任取一点 D,选中点 D,在【变换】菜单中选择【平移】命令,选择【标记向量】,得点 E.

5. 标记点 D,选中点 E,在【旋转】框输入 $60°$,得点 F,连接 FD,FE.

6. 选中线段 AB,FD,在【构造】菜单中选择交点,得点 M,同理得点 N.

效果:拖动点 D,则 $\triangle ABC$ 与 $\triangle DEF$ 的重叠部分不断变化,以点 M 为圆心,MB 为半径的圆也在不断变化,由圆形直观感知 $MA \perp FE$(图 40).

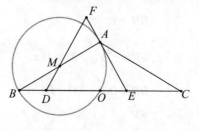

图 40

证明：

（1）$\because \triangle ABC$ 中，$AB = AC$，

$\therefore \angle B = \angle C$.

$\because \triangle DEF$ 是等边三角形，

$\therefore \angle FDE = \angle FED$，

$\therefore \angle MDB = \angle AEC$，

$\therefore \triangle BDM \backsim \triangle CEN$.

（2）过 A 作 $AH \perp BC$，垂足为 H.

$\because \angle B = 30°$，$BC = 6$，

$\therefore BH = 3$，$AH = \sqrt{3}$，$AB = 2\sqrt{3}$，

$\therefore S_{\triangle ABC} = \dfrac{1}{2} \times 6 \times \sqrt{3} = 3\sqrt{3}$.

$\because \angle B = \angle B$，$\angle BMD = \angle C$，

$\therefore \triangle BDM \backsim \triangle BCA$，

$\therefore \dfrac{S_{\triangle BDM}}{S_{\triangle ABC}} = \left(\dfrac{BD}{AB}\right)^2$，即 $\dfrac{S_{\triangle BDM}}{3\sqrt{3}} = \left(\dfrac{x}{2\sqrt{3}}\right)^2$，

$\therefore S_{\triangle BDM} = \dfrac{\sqrt{3}}{4}x^2$.

同理可得 $S_{\triangle NEC} = \dfrac{\sqrt{3}}{4}(3-x)^2$，

$\therefore y = 3\sqrt{3} - \dfrac{\sqrt{3}}{4}x^2 - \dfrac{\sqrt{3}}{4}(3-x)^2 = -\dfrac{\sqrt{3}}{2}x^2 + \dfrac{3\sqrt{3}}{2}x + \dfrac{3\sqrt{3}}{4}$（$1 \leqslant x \leqslant 2$）.

（3）假设存在点 D，使以点 M 为圆心，BM 为半径的圆与直线 EF 相切.

过点 M 作 $MG \perp EF$，垂足为 G，则 $MG = BM$.

在 $\triangle BDM$ 中，过点 D 作 $DP \perp BM$，垂足为 P.

$\because BD = x$，$\angle B = 30°$，

$\therefore BP = \dfrac{\sqrt{3}}{2}x$，$BM = \sqrt{3}x$.

$\because BD = DM$，$FD = DE = 3$，

$\therefore FM = 3 - x$.

$\because$ 在 $\mathrm{Rt}\triangle FMG$ 中，$\angle F = 60°$，

$$\therefore MG = \frac{\sqrt{3}\ (3-x)}{2},$$

$$\therefore \sqrt{3}x = \frac{\sqrt{3}\ (3-x)}{2},$$

解得 $x = 1$,

所以当 BD 的长为 1 时，以点 M 为圆心，BM 为半径的圆与直线 EF 相切.

例 15：（1）如图 41 所示，EF 与边 AC，AB 分别交于点 G，H，且 $FG = EH$. 设 $\overrightarrow{DF} = \overrightarrow{a}$，在射线 DF 上取一点 P，记 $\overrightarrow{DP}$，连接 CP. 设 $\triangle DPC$ 的面积为 y，求 y 关于 x 的函数解析式，并写出定义域.

（2）在（1）的条件下，求当 x 为何值时，$\overrightarrow{PC}\ /\!/\ \overrightarrow{AB}$.

（3）如图 42 所示，先将 $\triangle DEF$ 绕点 D 逆时针旋转，使点 E 恰好落在 AC 边上，在保持 DE 边与 AC 边完全重合的条件下，使 $\triangle DEF$ 沿着 AC 方向移动. 当 $\triangle DEF$ 移动到什么位置时，以线段 AD，FC，BC 的长度为边长的三角形是直角三角形.

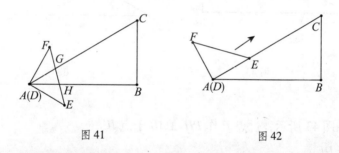

图 41   图 42

"GSP"解题思路辅助平台：

1. 作线段 AB，选中点 A，并标记中心.

2. 选中点 B，在【变换】菜单中选择【旋转】命令，在【旋转】对话框内输入角度 30°，得点 B 关于点 A 逆时针旋转 30° 后的点 B'.

3. 【构造】射线 AB'，选中线段 AB 与点 B，点击【构造】／【垂线】，与射线 AB' 交于点 C.

4. 【构造】线段 AC，BC，这样满足条件的 $\mathrm{Rt}\triangle ABC$ 制作完成.

5. 选中点 A，并选择【标记中心】，选中点 C，在【变换】菜单中选择【缩放】命令，在【缩放】对话框内输入比值 $\frac{1}{2}$，确定得 C'，此时 $AC' = \frac{1}{3}AC$.

6. 选中线段 AC，【构造】线段 AC 上的点 D，依次选中点 A，C'，在【变换】菜单中选择【标记向量】命令.

7. 选中点 D，在【变换】菜单中选择【平移】命令，在【平移】对话框选中【标记向量】命令，得点 D 关于向量 AC' 平移后的点，标签为点 E.

8. 选中点 D，并选择【标记中心】，选中点 E，在【变换】菜单中选择【旋转】命令，在【旋转】对话框输入角度 $90°$，得点 E 关于点 D 逆时针旋转 $90°$ 后的点，标签为点 F.

9. 选中点 D，E，F，【构造】线段，满足条件的 $\mathrm{Rt}\triangle DEF$ 制作完成.

效果：拖动点 D，平移 $\mathrm{Rt}\triangle DEF$，可探究 AD，FC，BC 等线段与各角度的变化规律及数量关系（图 43 – 图 44）.

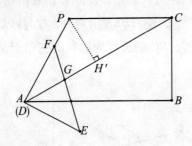

图 43　　　　　　　　图 44

解：

(1) 如图 43 所示，过点 P 作 $PH' \perp AB$ 于点 H'.

$\because DF = DE$，

$\therefore \angle DFE = \angle E.$

又 $\because FG = EH$，

$\therefore \triangle DFG \cong \triangle DEH$，

$\therefore \angle FDG = \angle EDH.$

$\because \angle FDE = 90°$，且 $\angle FDE = \angle FDG + \angle EDH + \angle BAC$，

又 $\because \angle BAC = 30°$，

$\therefore \angle FDG = 30°.$

$\because DF = 4$，

$\therefore |\overrightarrow{DF}| = 4.$

$\because \overrightarrow{DP} = x\overrightarrow{a} = x\overrightarrow{DF}$，

$\therefore DP = |\overrightarrow{DP}| = x|\overrightarrow{a}| = x|\overrightarrow{DF}| = 4x.$

在 $\mathrm{Rt}\triangle DPH'$ 中，$\angle FDG = 30°$，

$\therefore PH' = \dfrac{1}{2}DP = 2x.$

$\because \angle B = 90°$，$\angle BAC = 30°$，$BC = 6$，

$\therefore AC = 12 = DC$，

$y = S_{\triangle PDC} = \dfrac{1}{2}DC \cdot PH' = \dfrac{1}{2} \times 12 \times 2x = 12x\ (x > 0).$

（2）$\because PC /\!/ AB$，

$\therefore \angle BAC = \angle DCP.$

$\because \angle BAC = 30°$，

$\therefore \angle DCP = 30°.$

由（1）知 $\angle FDG = 30°$，

$\therefore \angle FDG = \angle DCP$，

$\therefore DP = PC.$

若 $PH \perp AB$，则点 M 是 DC 的中点，$DM = 6$.

在 $\mathrm{Rt}\triangle DPH$ 中，$\angle FDG = 30°$，

$\cos\angle FDG = \dfrac{DM}{AP} = \dfrac{6}{AP} = \dfrac{\sqrt{3}}{2}$，

$\therefore AP = 4\sqrt{3}$，

$DP = AP = 4x$，

$\therefore x = \sqrt{3}.$

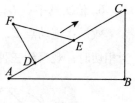

图 45

（3）如图 45，设 $AD = t$，$DC = 12 - t\ (0 < t < 12)$.

① $FC^2 = DF^2 + DC^2 = 4^2 + (12 - t)^2.$

② $AD^2 = FC^2 + BC^2$，$t^2 = 4^2 + (12 - t)^2 + 36$，解得 $t = \dfrac{49}{6}$（不合题意，舍去）.

③ $BC^2 = FC^2 + AD^2$，$36 = 4^2 + (12 - t)^2 + t^2$，无解.

④ $FC^2 = BC^2 + AD^2$，$4^2 + (12 - t)^2 = 36 + t^2$，解得 $t = \dfrac{31}{6}$.

$\therefore$ 当 $\triangle DEF$ 移动到 $AD = \dfrac{31}{6}$ 时，以线段 AD，FC，BC 的长度为边长的三角

形是直角三角形.

六、与两圆位置关系有关的动态问题

例16：在半径为 4 的 ⊙O 中，点 C 是以 AB 为直径的半圆的中点，$OD \perp AC$，垂足为点 D，点 E 是射线 AB 上的任意一点，$DF \parallel AB$，DF 与 CE 相交于点 F，设 $EF = x$，$DF = y$.

（1）当点 E 在射线 OB 上时，求 y 关于 x 的函数解析式，并写出函数定义域.

（2）当点 F 在 ⊙O 上时，求线段 DF 的长.

（3）如果以点 E 为圆心，EF 为半径的圆与 ⊙O 相切，求线段 DF 的长.

"GSP" 解题思路辅助平台：

1. 作圆 O，在圆 O 上取点 A，选中点 A，O，【构造】射线 AO，射线 AO 与圆 O 交于另一点 B.

2.【标记中心】点 O，选中点 A，在【旋转】框输入角度 $-90°$，得点 C.

3. 连接 AC，【构造】线段 AC 的中点 D，连接 OD.

4. 选中射线 AO，【构造】射线上的点 E，连接 CE.

5. 过点 D 作 AO 的平行线交 CE 于点 F.

6. 依次选中点 E，F，选择【构造】／【以圆心和圆周上的点作圆】.

效果：拖动点 E，则点 F 的位置不断发生变化，当圆 E 与圆 O 的位置关系为相切时，观察到三种不同的形态（图46 – 图49）.

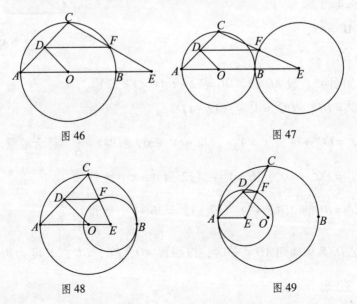

图 46　　　　　　　　　　　图 47

图 48　　　　　　　　　　　图 49

解：

（1）连接 OC，

$\because AC$ 是 $\odot O$ 的弦，$OD \perp AC$，

$\therefore OD = AD$.

$\because DF \parallel AB$，

$\therefore CF = EF$，

$\therefore DF = \dfrac{1}{2} AE = \dfrac{1}{2}(AO + OE)$.

$\because$ 点 C 是以 AB 为直径的半圆的中点，

$\therefore CO \perp AB$.

$\because EF = x$，$AO = CO = 4$，

$\therefore CE = 2x$，$OE = \sqrt{CE^2 - OC^2} = \sqrt{4x^2 - 16} = 2\sqrt{x^2 - 4}$，

$\therefore y = \dfrac{1}{2}(4 + 2\sqrt{x^2 - 4}) = 2 + \sqrt{x^2 - 4}$，定义域为 $x \geqslant 2$.

（2）当点 F 在 $\odot O$ 上时，连接 OC，OF，$EF = \dfrac{1}{2} CE = OF = 4$，

$\therefore OC = OB = \dfrac{1}{2} AB = 4$，

$\therefore DF = 2 + \sqrt{4^2 - 4} = 2 + 2\sqrt{3}$.

（3）当 $\odot E$ 与 $\odot O$ 外切于点 B 时，$BE = FE$.

$\because CE^2 - OE^2 = CO^2$，

$\therefore (2x)^2 - (x + 4)^2 = 4^2$，$3x^2 - 8x - 32 = 0$，

$\therefore x_1 = \dfrac{4 + 4\sqrt{7}}{3}$，$x_2 = \dfrac{4 - 4\sqrt{7}}{3}$（舍去），

$\therefore DF = \dfrac{1}{2}(AB + BE) = \dfrac{1}{2}\left(8 + \dfrac{4 + 4\sqrt{7}}{3}\right) = \dfrac{14 + 2\sqrt{7}}{3}$.

当 $\odot E$ 与 $\odot O$ 内切于点 B 时，$BE = FE$.

$\because CE^2 - OE^2 = CO^2$，

$\therefore (2x)^2 - (4 - x)^2 = 4^2$，$3x^2 + 8x - 32 = 0$，

$\therefore x_1 = \dfrac{-4 + 4\sqrt{7}}{3}$，$x_2 = \dfrac{-4 - 4\sqrt{7}}{3}$（舍去），

$\therefore DF = \dfrac{1}{2}(AB - BE) = \dfrac{1}{2}\left(8 - \dfrac{-4 + 4\sqrt{7}}{3}\right) = \dfrac{14 - 2\sqrt{7}}{3}$.

当⊙E 与⊙O 内切于点 B 时，$BE = FE$.

∵ $CE^2 - OE^2 = CO^2$，

∴ $(2x)^2 - (4-x)^2 = 4^2$，$3x^2 + 8x - 32 = 0$，

∴ $x_1 = \dfrac{-4 + 4\sqrt{7}}{3}$，$x_2 = \dfrac{-4 - 4\sqrt{7}}{3}$（舍去），

∴ $DF = \dfrac{1}{2} AE = \dfrac{2\sqrt{7} - 2}{3}$.

例 17： 已知梯形 $ABCD$ 中，$AD \parallel BC$，$DC \perp BC$，垂足为点 C，$AB = 10$，$\tan B = \dfrac{4}{3}$，⊙O_1 以 AB 为直径，⊙O_2 以 CD 为直径，线段 O_1O_2 与⊙O_1 交于点 M，与⊙O_2 交于点 N，设 $AD = x$.

（1）当⊙O_1 与⊙O_2 相切时，求 x 的值.

（2）当 O_2 在⊙O_1 上时，请判断 AB 与⊙O_2 的位置关系，并说明理由.

（3）连接 AM，线段 AM 与⊙O_2 交于点 E，分别连接 NE，O_2E，若△EMN 与△ENO_2 相似，求 x 的值.

"GSP" 解题思路辅助平台：

1. 作⊙O_1，在⊙O_1 上【构造】点 B，射线 BO_1 交⊙O_1 于另一点 A.

2. 【构造】线段 AB，选中点 B，并标记中心. 选中点 A，在【变换】菜单中选择【缩放】命令.

3. 在【缩放】对话框内输入比值 $\dfrac{3}{5}$，确定后得点 A'，此时 $\dfrac{BA'}{BA} = \dfrac{3}{5}$.

4. 选中点 B'，A'，选择【构造】／【以圆心和圆周上的点作圆】，得⊙B 与⊙O_1 的交点 A''.

5. 【构造】射线 BA''，过点 A【构造】BA'' 的平行线 l.

6. 在射线 BA'' 上【构造】点 C，过点 C 作 BC 的垂线与直线 l 交于点 D.

7. 【构造】线段 CD，并【构造】CD 的中点 O_2，选中点 O_2，C，选择【构造】／【以圆心和圆周上的点作圆】，得⊙O_2.

8. 【构造】线段 O_1O_2，将 O_1O_2 与⊙O_1 和⊙O_2 交点分别标签为 M，N，拖动点 C，得到⊙O_1 与⊙O_2 的各种位置关系（图 50 - 图 51）及直线 AB 与⊙O_2 的位置不断变化情况，【构造】△EMN 和△ENO_2 内部，可观察两个三角形形状的变化（图 52）.

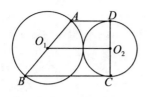

图 50

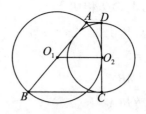

图 51

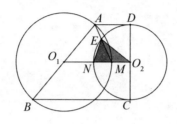

图 52

解：

（1）作 $AH \perp BC$，

$\because \tan B = \dfrac{4}{3}$，$AB = 10$，

$\therefore BH = 6$，$AH = 8$.

$\because AD \parallel BC$，$DC \perp BC$，

$\therefore DC = AH = 8$，$CH = AD = x$，

$\therefore BC = 6 + x$.

$\because \odot O_1$ 以 AB 为直径，$\odot O_2$ 以 CD 为直径，

$\therefore r_1 = 5$，$r_2 = 4$，且 O_1，O_2 分别为 AB，CD 的中点，

$\therefore O_1 O_2 \parallel BC$，

且 $O_1 O_2 = \dfrac{1}{2}$ （$AD + BC$），

$\therefore O_1 O_2 = \dfrac{1}{2}$ （$x + 6 + x$） $= x + 3$.

$\because \odot O_1$ 与 $\odot O_2$ 相切，

$\therefore O_1 O_2 = 9$，

$\therefore x + 3 = 9$，

$\therefore x = 6$.

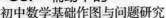
（2）AB 与 $\odot O_2$ 相切．

$\because O_2$ 在 $\odot O_1$ 上，

$\therefore O_1O_2 = 5$．

作 $O_2P \perp AB$，

$\because O_1O_2 /\!/ BC$，

$\therefore \angle AO_1O_2 = \angle B$．

$\because \tan B = \dfrac{4}{3}$，

$\therefore \tan \angle AO_1O_2 = \dfrac{4}{3}$．

$\because O_1O_2 = 5$，

$\therefore O_2P = 4 = r_2$，

$\therefore AB$ 与 $\odot O_2$ 相切．

（3）过点 A 作 $AG \perp O_1O_2$ 于点 G，

在 Rt$\triangle AO_1G$ 中，$\tan \angle AO_1G = \tan B = \dfrac{4}{3}$，$AO_1 = 5$，

$\therefore AG = 4$，$O_1G = 3$，

$\therefore GM = 2$，

$\therefore AM = 2\sqrt{5}$．

$\because \triangle EMN \backsim \triangle ENO_2$，

又 $\because \angle ENM = \angle O_2NE$，

$\therefore \angle NEM = \angle EO_2N$，

$\angle EMN = \angle NEO_2$，且 $EN^2 = MN \cdot NO_2$．

$\because$ 点 N 和点 E 都在 $\odot O_2$ 上，

$\therefore O_2E = O_2N$，

$\therefore \angle ENM = \angle NEO_2$，

$\therefore \angle ENM = \angle EMN$．

又 $\because O_1A = O_1M$，

$\therefore \angle EMN = \angle O_1AM$，

$\therefore \angle ENM = \angle O_1AM$，

而 $\angle EMN = \angle EMN$，

$\therefore \triangle EMN \backsim \triangle O_1AM$，

$$\therefore \triangle O_2EN \backsim \triangle O_1AM,$$

$$\therefore \frac{EN}{O_2N} = \frac{AM}{O_1M},$$

$$\therefore EN = \frac{4}{5}AM = \frac{8\sqrt{5}}{5}.$$

$$\because O_1M + MO_2 = O_1O_2,$$

$$\therefore 5 + 4 - MN = x + 3,$$

$$\therefore MN = 6 - x.$$

$$\because EN^2 = MN \cdot NO_2,$$

$$\therefore \frac{64}{5} = 4 \ (6 - x), \ x = \frac{14}{5}.$$

例18：已知⊙O 的半径长为3，点 A 是⊙O 上一定点，点 P 为⊙O 上不同于点 A 的动点.

（1）当 $\tan A = \frac{1}{2}$ 时，求 AP 的长.

（2）如果⊙Q 过点 P，O，且点 Q 在直线 AP 上，设 $AP = x$，$QP = y$，求 y 关于 x 的函数关系式，并写出函数的定义域.

（3）在（2）的条件下，当 $\tan A = \frac{4}{3}$ 时，存在⊙M 与⊙O 相内切，同时与⊙Q 相外切，且 $OM \perp OQ$，试求⊙M 的半径的长.

"GSP" 解题思路辅助平台：

1. 作定点 O，并选中点 O，在【变换】菜单中选择【平移】命令.

2. 在【平移】对话框输入数值3，确定得点 O 平移3个单位长度后的点，标签为点 A.

3. 依次选中点 O，A，点击【构造】／【以圆心和圆周上的点作圆】，得圆 O.

4. 在⊙O 上【构造】点 P，并【构造】线段 AO，AP.

5. 选中点 P，O，【构造】线段 PO，作 PO 的垂直平分线交直线 AP 于点 Q.

6. 依次选中点 Q，P，【构造】以 Q 为圆心，QP 为半径的圆.

效果：拖动点 P，则⊙Q 的大小、位置发生变化，可探索 AP 与⊙Q 半径之间的数量关系（图53－图54）.

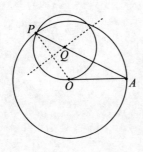

图 53

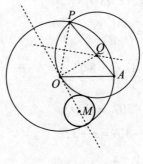

图 54

解：

（1）作 $OH \perp AP$ 于 H.

∵ OH 过圆心，AP 是弦，

∴ $AP = 2AH$.

在 Rt△AOH 中，

∵ $\tan A = \dfrac{1}{2}$，$OA = 3$，

∴ 设 $OH = k$，$AH = 2k$，

由 $AO^2 = OH^2 + AH^2$ 得，$k = \dfrac{3}{5}\sqrt{5}$，

∴ $AP = 2AH = \dfrac{12}{5}\sqrt{5}$.

（2）连接 PO，OQ.

∵ ⊙Q 过点 P，O，

∴ $PQ = OQ$，

∴ $\angle QPO = \angle QOP$.

∵ ⊙O 过点 P，A，

∴ $PO = AO$，

∴ $\angle QPO = \angle A$，

∴ $\angle QOP = \angle A$.

又∵ $\angle P = \angle P$，

∴ △$QPO \backsim$ △OPA，

∴ $\dfrac{AP}{OP} = \dfrac{AO}{QO}$，即 $\dfrac{x}{3} = \dfrac{3}{y}$，

$\therefore y = \dfrac{9}{x}$，$0 < x \leqslant 6$.

（3）作 $PF \perp AO$ 于点 F，连接 OP，设 $\odot M$ 的半径长为 r.

$\because \tan A = \dfrac{4}{3}$，

$\therefore$ 设 $PF = 4a$，$AF = 3a$，$a > 0$，

$\therefore OF = 3 - 3a$.

在 $\mathrm{Rt} \triangle OPF$ 中，

$\because OP^2 = OF^2 + PF^2$，即 $9 = (3 - 3a)^2 + 16a^2$，

$\therefore a = \dfrac{18}{25}$，

$\therefore AP = 5a = \dfrac{18}{5}$，

即 $x = \dfrac{18}{5}$，

$\therefore QO = y = \dfrac{9}{x} = \dfrac{9}{\dfrac{18}{5}} = \dfrac{5}{2}$.

$\because \odot M$ 同时与 $\odot O$ 相内切，与 $\odot Q$ 相外切，

$\therefore MO = 3 - r$，$QM = \dfrac{5}{2} + r$.

$\because OM \perp OQ$，

$\therefore$ 在 $\mathrm{Rt} \triangle OMQ$ 中，$MQ^2 = OM^2 + OQ^2$，

即 $\left(\dfrac{5}{2} + r \right)^2 = (3 - r)^2 + \left(\dfrac{5}{2} \right)^2$，

$\therefore r = \dfrac{9}{11}$，即 $\odot M$ 的半径长为 $\dfrac{9}{11}$.

例19： 已知 $\odot O$ 的半径为 3，$OC \perp$ 弦 AB，垂足为点 D，点 E 在 $\odot O$ 上，$\angle ECO = \angle BOC$，射线 CE 与射线 OB 相交于点 F. 设 $AB = x$，$CE = y$.

（1）求 y 与 x 之间的函数解析式，并写出函数的定义域.

（2）当 $\triangle OEF$ 为直角三角形时，求 AB 的长.

（3）如果 $BF = 1$，求 EF 的长.

"GSP"解题思路辅助平台：

1. 作圆，圆心标签为点 O.

2. 选中⊙O，选择【构造】／【圆上的点】，分别为标签为 A，B.

3. 【构造】线段 AB.

4. 选中点 O，线段 AB，选择【构造】／【垂线】，【构造】垂线与圆的交点，标签为 C，并隐藏垂线，【构造】垂线段 OC 与 AB 交于点 D.

5. 依次选中点 B，O，C，在【变换】菜单中选择【标记角度】，双击点 C，选中点 O，在【变换】菜单中选择【旋转】命令，确定后得点 O 关于点 C 旋转后的点，标签为 O'.

6. 【构造】射线 CO' 与⊙O 交于点 F.

7. 【构造】射线 OB，并【构造】射线 OB 与射线 CO' 的交点 F.

8. 【构造】线段 OE，CE，并隐藏射线 CO'.

效果：拖动点 A，B，随着弦 AB 位置的改变，可探究△OEF 的形状同步发生改变，观察当△OEF 为直角三角形（图55－图56）及 $BF=1$（图57－图58）时不同的图形结构状态.

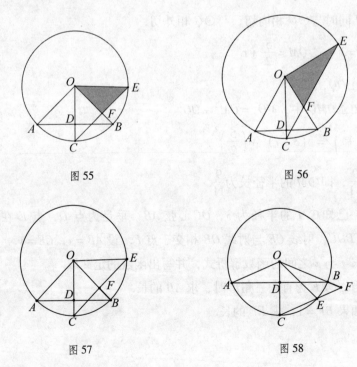

图 55　　　　　　　　　　　　　　图 56

图 57　　　　　　　　　　　　　　图 58

解:

(1) 过点 O 作 $OH \perp CE$, 垂足为点 H.

∵ 在圆 O 中, $OC \perp$ 弦 AB, $OH \perp$ 弦 CE, $AB = x$, $CE = y$,

∴ $BD = \dfrac{1}{2}AB = \dfrac{1}{2}x$, $EH = \dfrac{1}{2}EC = \dfrac{1}{2}y$.

∵ 在 $\mathrm{Rt}\triangle ODB$ 中, $OD^2 + BD^2 = BO^2$, $OB = 3$,

∴ $OD = \dfrac{\sqrt{36 - x^2}}{2}$.

∵ $OC = OE$,

∴ $\angle ECO = \angle CEO$.

∵ $\angle ECO = \angle BOC$,

∴ $\angle CEO = \angle BOC$.

又 ∵ $\angle ODB = \angle OHE = 90°$, $OE = OB$,

∴ $\triangle ODB \cong \triangle EHO$,

∴ $EH = OD$,

∴ $\dfrac{y}{2} = \dfrac{\sqrt{36 - x^2}}{2}$,

∴ $y = \sqrt{36 - x^2}$,

定义域为 $0 < x < 6$.

(2) 当 $\triangle OEF$ 为直角三角形时, 存在以下两种情况:

① 若 $\angle OFE = 90°$, 则 $\angle COF = \angle OCF = 45°$.

∵ $\angle ODB = 90°$,

∴ $\angle ABO = 45°$.

又 ∵ $OA = OB$,

∴ $\angle OAB = \angle ABO = 45°$,

∴ $\angle AOB = 90°$,

∴ $\triangle OAB$ 是等腰直角三角形,

∴ $AB = \sqrt{2} \cdot OB = 3\sqrt{2}$.

② 若 $\angle EOF = 90°$, 则 $\angle OEF = \angle COF = \angle OCF = 30°$.

∵ $\angle ODB = 90°$,

∴ $\angle ABO = 60°$.

又 $\because OA = OB$,

$\therefore \triangle OAB$ 是等边三角形,

$\therefore AB = OB = 3$.

(3) ①当 $CF = OF = OB - BF = 2$ 时,

可得, $\triangle CFO \backsim \triangle COE$, $CE = \dfrac{OC^2}{CF} = \dfrac{9}{2}$,

$\therefore EF = CE - CF = \dfrac{9}{2} - 2 = \dfrac{5}{2}$.

② 当 $CF = OF = OB + BF = 4$ 时,

可得, $\triangle CFO \backsim \triangle COE$, $CE = \dfrac{OC^2}{CF} = \dfrac{9}{2}$,

$\therefore EF = CF - CE = 4 - \dfrac{9}{4} = \dfrac{7}{4}$.

七、与直线与圆位置关系有关的动态问题

例20：已知：$\angle MAN = 60°$，点 B 在射线 AM 上，$AB = 4$（图59）。P 为直线 AN 上一动点，以 BP 为边作等边三角形 BPQ（点 B，P，Q 按顺时针排列），O 是 $\triangle BPQ$ 的外心.

（1）当点 P 在射线 AN 上运动时，求证：点 O 在 $\angle MAN$ 的平分线上.

（2）当点 P 在射线 AN 上运动（点 P 与点 A 不重合）时，AO 与 BP 交于点 C，设 $AP = x$，$AC \cdot AO = y$，求 y 关于 x 的函数解析式，并写出该函数的定义域.

（3）若点 D 在射线 AN 上，$AD = 2$，圆 I 为 $\triangle ABD$ 的内切圆. 当 $\triangle BPQ$ 的边 BP 或 BQ 与圆 I 相切时，请直接写出点 A 与点 O 的距离.

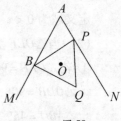

图 59

"GSP"解题思路辅助平台：

1. 作 $\angle MAN = 60°$.

2. 在射线 AM 上选取点 B，【构造】线段 AB，再构造线段 AB 的中点 B'.

3. 标记中心 A，选中点 B'，在【旋转】对话框内输入 $60°$，得点 D，连接 BD.

4. 在【自定义工具】框内选择【三角形】/【加三角形的内切圆】，选中点 B，A，D，得 $\triangle ABD$ 的内切圆（图60）．

图60

5. 在直线 AN 上【构造】点 P，标记中心 B，选中点 P，在【旋转】对话框内输入 $-60°$，得点 Q，连接 BQ，PQ．

6. 在【自定义工具】框内选择【特殊点】/【外心】，选中点 B，P，Q，得 $\triangle BPQ$ 外心 O．

效果：拖动点 P，$\triangle BPQ$ 位置与大小发生变化，当 BP 或 BQ 与 $\triangle ABD$ 内切圆相切时，可观察到三种不同的状态．

解：

（1）证明：连接 OB，OP．

$\because O$ 是等边三角形 BPQ 的外心，

$\therefore OB = OP$，

圆心角 $\angle BOP = \dfrac{360°}{3} = 120°$．

当 OB 不垂直于 AM 时，作 $OH \perp AM$，$OT \perp AN$，垂足分别为 H，T．

由 $\angle HOT + \angle A + \angle AHO + \angle ATO = 360°$，且 $\angle A = 60°$，

$\angle AHO = \angle ATO = 90°$，

$\therefore \angle HOT = 120°$，

∴ $\angle BOH = \angle POT$,

∴ $Rt\triangle BOH \cong Rt\triangle POT$,

∴ $OH = OT$,

∴ 点 O 在 $\angle MAN$ 的平分线上.

当 $OB \perp AM$ 时,$\angle APO = 360° - \angle A - \angle BOP - \angle OBA = 90°$,

即 $OP \perp AN$,

∴ 点 O 在 $\angle MAN$ 的平分线上.

综上所述,当点 P 在射线 AN 上运动时,点 O 在 $\angle MAN$ 的平分线上.

(2)解:

∵ AO 平分 $\angle MAN$,且 $\angle MAN = 60°$,

∴ $\angle BAO = \angle PAO = 30°$.

由(1)知,$OB = OP$,$\angle BOP = 120°$,

∴ $\angle CBO = 30°$,

∴ $\angle CBO = \angle PAC$,

∴ $\angle BCO = \angle PCA$,

∴ $\angle AOB = \angle APC$,

∴ $\triangle ABO \backsim \triangle ACP$,

∴ $\dfrac{AB}{AC} = \dfrac{AO}{AP}$,

∴ $AC \cdot AO = AB \cdot AP$,

∴ $y = 4x$,

定义域为 $x > 0$.

(3)解:当 BP 与圆 I 相切时,$AO = 2\sqrt{3}$;

当 BP 与圆 I 相切时,$AO = \dfrac{4}{3}\sqrt{3}$;

当 BQ 与圆 I 相切时,$AO = 0$.

八、与三角形相似有关的动态问题

例21:已知 $AB = 2$,$AD = 4$,$\angle DAB = 90°$,$AD \parallel BC$,点 E 是射线 BC 上的动点(点 E 与点 B 不重合),M 是线段 DE 的中点.

(1)设 $BE = x$,$\triangle ABM$ 的面积为 y,求 y 关于 x 的函数解析式,并写出函

数的定义域.

（2）如果以线段 AB 为直径的圆与以线段 DE 为直径的圆外切，求线段 BE 的长.

（3）连接 BD，交线段 AM 于点 N，如果以 A，N，D 为顶点的三角形与 $\triangle BME$ 相似，求线段 BE 的长.

"GSP" 解题思路辅助平台：

1. 作线段 AD，取 AD 中点 D'.

2. 标记中心点 A，选中点 D，在【旋转】对话框内输入 $-90°$，得点 B.

3. 选中点 B 和线段 AD，选择【构造】／【平行线】，在平行线上构造点 C，按"Ctrl + h"隐藏平行线，【构造】射线 BC.

4. 在射线 BC 上取点 E，连接 DE，【构造】线段 DE 的中点 M，连接 AB，BM（图 61）.

5. 【构造】线段 BD，AM 的交点 N，【构造】$\triangle ADN$ 与 $\triangle BEM$ 内部.

效果：拖动点 E，可观察到 $\triangle ADN$ 与 $\triangle BEM$ 相似时的两种状态（图 62 – 图 63）.

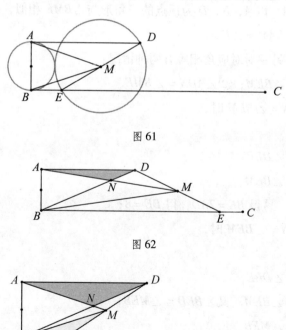

图 61

图 62

图 63

解:

（1）取 AB 中点 H，连接 MH.

∵ M 为 DE 的中点，

∴ $MH /\!/ BE$，$MH = \dfrac{1}{2}(BE + AD)$.

又∵ $AB \perp BE$，

∴ $MH \perp AB$，

∴ $S_{\triangle ABM} = \dfrac{1}{2}AB \cdot MH$，得 $y = \dfrac{1}{2}x + 2 \ (x > 0)$；

（2）由已知得 $DE = \sqrt{(x-4)^2 + 2^2}$，

∴ 以线段 AB 为直径的圆与以线段 DE 为直径的圆外切，

∴ $MH = \dfrac{1}{2}AB + \dfrac{1}{2}DE$，即 $\dfrac{1}{2}(x+4) = \dfrac{1}{2}\left(2 + \sqrt{(4-x)^2 + 2^2}\right)$.

解得 $x = \dfrac{4}{3}$，即线段 BE 的长为 $\dfrac{4}{3}$；

（3）由已知，以 A，N，D 为顶点的三角形与 $\triangle BME$ 相似，

又易证得 $\angle DAM = \angle EBM$.

由此可知，另一对对应角相等有两种情况：

①$\angle ADN = \angle BEM$；②$\angle ADN = \angle BME$.

① 当 $\angle ADN = \angle BEM$ 时，

∵ $AD /\!/ BE$，

∴ $\angle ADN = \angle DBE$，

∴ $\angle DBE = \angle BEM$，

∴ $DB = DE$，易得 $BE = 2AD$，得 $BE = 8$；

② 当 $\angle ADN = \angle BEM$ 时，

∵ $AD /\!/ BE$，

∴ $\angle ADB = \angle DBE$，

∴ $\angle DBE = \angle BEM$. 又 $\angle BED = \angle MEB$，

∴ $\triangle BED \backsim \triangle MEB$，

∴ $\dfrac{DE}{BE} = \dfrac{BE}{EM}$，即 $BE^2 = EM \cdot DE$，得 $x^2 = \dfrac{1}{2}\sqrt{2^2 + (x-4)^2} \cdot \sqrt{2^2 + (x-4)^2}$.

解得 $x_1 = 2$，$x_2 = -10$（舍去），即线段 BE 的长为 2.

综上所述，所求线段 BE 的长为 8 或 2.

九、与翻折有关的动态问题

例22：已知 AB 是 $\odot O$ 的直径，$AB = 8$，点 C 在半径 OA 上（点 C 与点 O，A 不重合），过点 C 作 AB 的垂线交 $\odot O$ 于点 D，连接 OD，过点 B 作 OD 的平行线交 $\odot O$ 于点 E，交射线 CD 于点 F.

（1）若 $\overset{\frown}{ED} = \overset{\frown}{BE}$，求 $\angle F$ 的度数.

（2）设 $CO = x$，$EF = y$，写出 y 与 x 之间的函数解析式，并写出定义域.

（3）设点 C 关于直线 OD 的对称点为点 P，若 $\triangle PBE$ 为等腰三角形，求 OC 的长.

"GSP"解题思路辅助平台：

1. 作圆 O，在圆 O 上取一点 A，作射线 AO 交圆 O 于另一点 B，隐藏射线，连接 AB（拖动点 A，可调整直径 AB 的位置）.

2. 选中点 A，O，选择【构造】／【线段】，在线段 AO 上【构造】点 C.

3. 选中点 C，线段 AO，选择【构造】／【垂线】，交圆 O 于点 D. 选中点 B，线段 OD，选择【构造】／【平行线】，交圆 O 于点 E，射线 CD，BE 交于点 F.

4. 选中点 C，F，【构造】线段. 选中点 B，F，【构造】线段，按"Ctrl + h"隐藏射线.

5. 作 $OH \perp BE$，垂足为点 F.

6. 连接 OE，标记线段 OD，选中点 C，在【变换】菜单中选中【反射】命令，得点 P.

动态效果：拖动点 C，观察到 $\triangle OCD$ 与 $\triangle OBH$ 始终保持全等（图64），且点 C 关于 OD 的反射点 P 始终在半径 OE 上运动（图65）.

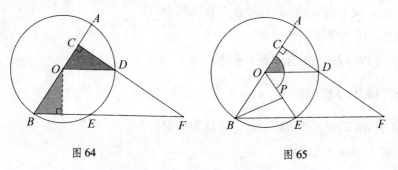

图64　　　　　　图65

解：

（1）连接 OE.

∵ $\overset{\frown}{ED} = \overset{\frown}{BE}$,

∴ $\angle BOE = \angle EOD$.

∵ $OD /\!/ BF$,

∴ $\angle DOE = \angle BEO$.

∵ $OB = OE$,

∴ $\angle OBE = \angle OEB$,

∴ $\angle OBE = \angle OEB = \angle BOE = 60°$.

∵ $\angle FCB = 90°$,

∴ $\angle F = 30°$.

（2）作 $OH \perp BE$，垂足为 H.

∵ $\angle DCO = \angle OHB = 90°$, $OB = OD$, $\angle OBE = \angle COD$,

∴ $\triangle HBO \cong \triangle COD$,

∴ $CO = BH = x$, $BE = 2x$.

∵ $OD /\!/ BF$,

∴ $\dfrac{OD}{BF} = \dfrac{OC}{BC}$,

∴ $\dfrac{4}{2x+y} = \dfrac{x}{4+x}$,

∴ $y = \dfrac{4x + 16 - 2x^2}{x}$ $(0 < x < 4)$.

（3）∵ $\angle COD = \angle OBE$, $\angle OBE = \angle OEB$, $\angle DOE = \angle OEB$,

∴ $\angle COD = \angle DOE$,

∴ 点 C 关于直线 OD 的对称点 P 在线段 OE 上.

若 $\triangle PBE$ 为等腰三角形：

① 当 $PB = PE$，不合题意，舍去；

② 当 $EB = EP$，$2x = 4 - x$，$x = \dfrac{4}{3}$；

③ 当 $BE = BP$，作 $BM \perp OE$，垂足为点 M，

易证 $\triangle BEM \backsim \triangle DOC$,

$$\therefore \frac{BE}{DO} = \frac{EM}{OC},$$

$$\therefore \frac{2x}{4} = \frac{4-x}{x} \frac{}{2},$$

整理得，$x^2 + x - 4 = 0$，解得，$x = \frac{-1 \pm \sqrt{17}}{2}$（负值舍去），

综上所述，当 OC 的长为 $\frac{4}{3}$ 或 $\frac{-1+\sqrt{17}}{2}$ 时，△PBE 为等腰三角形.

例 23：已知在 Rt △ABC 中，$\angle BAC = 90°$，$AB = 4$，点 D 在边 AC 上，△ABD 沿 BD 翻折，点 A 与 BC 边上的点 E 重合，过点 B 作 $BG \parallel AC$ 交 AE 的延长线于点 G，交 DE 的延长线于点 F.

（1）当 $\angle ABC = 60°$时，求 CD 的长；

（2）如果 $AC = x$，$AD = y$，求 y 关于 x 的函数解析式，并写出函数定义域；

（3）连接 CG，如果 $\angle ACB = \angle CGB$，求 AC 的长.

"GSP"解题思路辅助平台：

1. 作线段 AB，选中点 A 以及线段 AB，选择【构造】/【垂线】，得 AB 的垂线 l.

2. 在 AB 的右侧，直线 l 上构造点 C，连接 BC.

3. 依次选中点 A，B，C，选择【构造】/【角平分线】，标签 $\angle BAC$ 的平分线与直线 l 的交点为 D.

4.【构造】线段 BD，并选择【标记镜面】，选中点 A，在【变换】菜单中选择【反射】命令，得点 A 关于直线 BD 的反射点，标签为点 E.

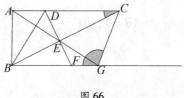

图 66

5. 过点 B 作 AB 的垂线 m，分别【构造】射线 DE，AE 交直线 m 与点 F，G（图 66）.

6. 以 A 为圆心，AB 为半径【构造】圆 A，拖动点 C，当 ⊙A 经过点 E 时，有 $\angle ABC = 60°$.

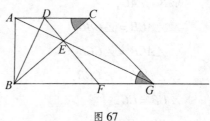

图 67

7. 连接 CG，不断拖动点 C 位置，分别【度量】$\angle ACB$ 和 $\angle CGB$，当 $\angle ACB = \angle CGB$ 时，有 $CB = CG$（图 67）.

解：

（1）在 Rt$\triangle ABC$ 中，$\angle BAC = 90°$，$\angle ABC = 60°$，

$\because AB = 4$，

$\therefore AC = 4\sqrt{3}$.

由翻折得，$\angle ABD = 30°$，则 $AD = \dfrac{4\sqrt{3}}{3}$，

$\therefore CD = \dfrac{8\sqrt{3}}{3}$.

（2）由翻折得，$\angle BED = \angle BAD = 90°$，

$\therefore \angle CED = 90°$，

$\therefore \angle CED = \angle CAB$.

又 $\because \angle DCE = \angle DCE$，

$\therefore \triangle CED \backsim \triangle CAB$，

$\therefore \dfrac{DE}{AB} = \dfrac{CD}{CB}$.

$\because AC = x$，$AD = y$，

$\therefore DC = x - y$.

$\because AB = 4$，$BC = \sqrt{16 + x^2}$，

又 $\because DE = AD = y$，$\dfrac{y}{4} = \dfrac{x - y}{\sqrt{16 + x^2}}$，

$\therefore y = \dfrac{4\sqrt{16 + x^2} - 16}{x}$（$x > 0$）.

（3）过点 C 作 $CH \perp BG$，垂足为点 H.

$\because BG \parallel AC$，

$\therefore \angle ACB = \angle CBG$.

$\because \angle ACB = \angle CGB$，

$\therefore \angle CBG = \angle CGB$，

$\therefore CB = CG$，

$\therefore BH = HG = AC = x$，

$\therefore BG = 2x.$

$\because AE \perp BD,$

$\therefore \angle ADB + \angle DAE = \angle DAE + \angle BAG = 90°,$

$\therefore \angle ADB = \angle BAG.$

又 $\because \angle BAC = \angle ABG = 90°$，$\triangle ABD \backsim \triangle BGA,$

$\therefore \dfrac{AD}{AB} = \dfrac{AB}{BG},$

$\therefore \dfrac{y}{4} = \dfrac{4}{2x},$

$\therefore y = \dfrac{8}{x}.$

$\because y = \dfrac{4\sqrt{16 + x^2} - 16}{x},$

$\therefore \dfrac{8}{x} = \dfrac{4\sqrt{16 + x^2} - 16}{x}$，解得 $x = 2\sqrt{5}$（负值已舍），

即 $AC = 2\sqrt{5}.$

十、动点问题中的分类讨论

例24：已知 AP 是半圆 O 的直径，点 C 是半圆 O 上的一个动点（不与点 A，P 重合），连接 AC，以直线 AC 为对称轴翻折 AO，将点 O 的对称点记为点 O_1，射线 AO_1 交半圆 O 于点 B，连接 $OC.$

（1）求证：$AB /\!/ OC.$

（2）当点 B 与点 O_1 重合时，求证：$AB = CB.$

（3）过点 C 作射线 AO_1 的垂线，垂足为点 E，连接 OE 交 AC 于点 F. 当 AO $=5$，$O_1B = 1$ 时，求 $\dfrac{CF}{AF}$ 的值.

"GSP" 解题思路辅助平台：

1. 作半圆 $\odot O$，圆心标签为点 O；

2. 【构造】半圆上的点 C，【构造】线段 AC.

3. 选中线段 AC，在【变换】菜单中选中【标记镜面】.

4. 选中圆心 O，在【变换】菜单中选择【反射】命令，得点 O 关于直线

AC 的对称点，标签为点 O_1.

5.【构造】射线 AO_1，与圆 O 的交点标签为点 B（图68）.

6.【构造】线段 OC，AB.

效果：拖动点 C，不断改变点 C 的位置，发现 AB 与 OC 始终保持平行，可探索点 O_1 与圆 O 的三种位置关系（图69 – 图70）.

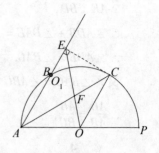

图68

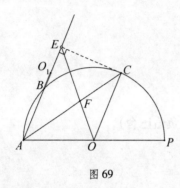

图69

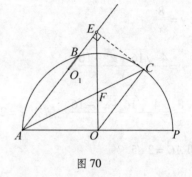

图70

解：

（1）∵ 点 O_1 与点 O 关于直线 AC 对称，

∴ $\angle OAC = \angle O_1AC$.

在 $\odot O$ 中，

∵ $OA = OC$，

∴ $\angle OAC = \angle C$，

∴ $\angle O_1AC = \angle C$，

∴ $AO_1 /\!/ OC$，即 $AB /\!/ OC$.

（2）方法1：连接 OB.

∵ 点 O_1 与点 O 关于直线 AC 对称，$AC \perp OO_1$，

∴ 由点 O_1 与点 B 重合，易得 $AC \perp OB$.

∵ 点 O 是圆心，$AC \perp OB$，

∴ $AB = CB$.

方法2：

∵ 点 O_1 与点 O 关于直线 AC 对称，

$\therefore AO = AO_1$，$CO = CO_1$.

由点 O_1 与点 B 重合，易得 $AO = AB$，$CB = CO$，

$\because OA = OC$，

$\therefore AB = CB$，

$\therefore AB = CB$.

方法 3：证平行四边形 $AOCO_1$ 是菱形.

（3）过点 O 作 $OH \perp AB$，垂足为点 H.

$\because OH \perp AB$，$CE \perp AB$，

$\therefore OH /\!/ CE$.

又 $\because AB /\!/ OC$，

$\therefore HE = OC = 5$.

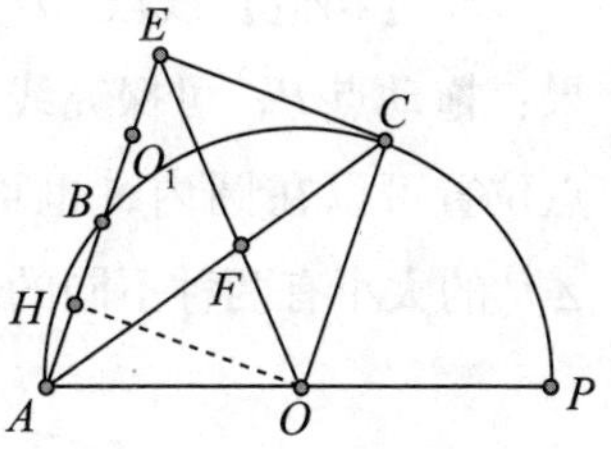

当点 O_1 在线段 AB 上（图71），$AB = AO_1 + O_1B = AO + O_1B = 6$，

又 $\because OH \perp AB$，

$\therefore AH = \dfrac{1}{2}AB = 3$，

$\therefore AE = EH + AH = 5 + 3 = 8$.

$\because AB /\!/ OC$，

$\therefore \dfrac{CF}{AF} = \dfrac{OC}{AE} = \dfrac{5}{8}$.

图 71

当点 O_1 在线段 AB 的延长线上时，类似可求 $\dfrac{CF}{AF} = \dfrac{OC}{AE} = \dfrac{5}{7}$.

例25：已知半圆 O 的半径 $OA = 4$，P 是 OA 延长线上一点，过线段 OP 的中点 B 做垂线交 $\odot O$ 于点 C，射线 PC 交 $\odot O$ 于点 D，连接 OD.

（1）若 $AC = CD$，求弦 CD 的长.

（2）若点 C 在 AD 上时，设 $PA = x$，$CD = y$，求 y 与 x 的函数关系式及自变量 x 的取值范围.

（3）设 CD 的中点为 E，射线 BE 与射线 OD 交于点 F，当 $DF = 1$ 时，请直接写出 $\tan \angle P$ 的值.

"GSP" 解题思路辅助平台：

1. 作半圆，圆心为 O；

2. 在半径 OA 的延长线上【构造】点 P，并【构造】线段 OP；

3. 选中线段 OP，【构造】中点，标签为点 B；

4. 过点 B 作 PO 的垂线交半圆 O 于点 C，选中点 P，C，【构造】射线交半圆于点 D，连接 OD；

5. 【构造】线段 CD 的中点 E，【构造】射线 BE 与射线 OD 交于点 F. 效果：拖动点 P，可探究线段 PA 与 CD 之间的函数关系，且随着 P 点的变化，F 点位置可以在圆内，也可以在圆外，将产生不同的位置关系，当 $DF = 1$ 时，$\angle P$ 的大小有两种不同的情况（图72－图73）．

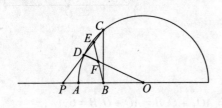

图 72

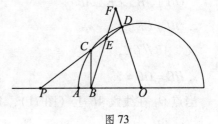

图 73

解：

（1）连接 OC，当 $AC = CD$ 时，有 $\angle DOC = \angle POC$.

∵ BC 垂直平分 OP，

∴ $PC = OC = 4$，

∴ $\angle P = \angle POC = \angle DOC$，

∴ $\triangle DOC \backsim \triangle DPO$，

∴ $\dfrac{DO}{DP} = \dfrac{DC}{DO}$.

设 $CD = y$，则 $16 = (y+4) \, y$，

∴ 解得 $y = 2\sqrt{5} - 2$，

即 CD 的长为 $2\sqrt{5} - 2$.

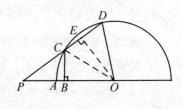

图 74

（2）作 $OE \perp CD$，垂足为点 E（图74），

可得 $CE = DE = \dfrac{1}{2}y$.

∵ $\angle P = \angle P$，$\angle PBC = \angle PEO = 90°$，

∴ $\triangle PBC \backsim \triangle PEO$，

∴ $\dfrac{PB}{PE} = \dfrac{PC}{PO}$，

$\therefore \dfrac{\dfrac{x+4}{2}}{4+\dfrac{y}{2}} = \dfrac{4}{x+4}$,

$\therefore y = \dfrac{x^2+8x-16}{4}$ $(4\sqrt{2}-4 < x < 4)$.

（3）若点 D 在 $\overset{\frown}{AC}$ 外时，$\tan\angle P = \dfrac{OE}{PE} = \dfrac{\sqrt{15}}{5}$,

若点 D 在 $\overset{\frown}{AC}$ 上时，$\tan\angle P = \dfrac{OE}{PE} = \dfrac{\sqrt{15}}{3}$.

例 26：在 $\triangle ABC$ 中，$AB = AC = 10$，$\cos B = \dfrac{3}{5}$，点 D 在 AB 边上（点 D 与点 A，B 不重合），$DE \parallel BC$ 交 AC 边于点 E，点 F 在线段 EC 上，且 $EF = \dfrac{1}{4}AE$，以 DE，EF 为邻边作平行四边形 $DEFG$，连接 BG.

（1）当 $EF = FC$ 时，求 $\triangle ADE$ 的面积.

（2）设 $AE = x$，$\triangle DBG$ 的面积为 y，求 y 与 x 的函数关系式，并写出 x 的取值范围.

（3）如果 $\triangle DBG$ 是以 DB 为腰的等腰三角形，求 AD 的值.

"GSP" 解题思路辅助平台：

1. 作线段 BC，选中点 B，并【标记中心】.

2. 选中点 C，在【变换】菜单中选择【缩放】命令.

3. 在【缩放】对话框内输入比值 $\dfrac{5}{6}$，确定后得点 C'.

4. 【构造】线段 BC 的垂直平分线，并分别选中点 B，C'，点击【构造】/【以圆心和圆周上的点作圆】，得到以 B 为圆心，BC' 为半径的圆，与 BC 的垂直平分线交于点 A.

5. 隐藏圆 B 及 BC 的垂直平分线，【构造】线段 AB，AC.

6. 在线段 AB 上【构造】点 D，过点 D 作 BC 的平行线交 AC 于点 E.

7. 【标记中心】点 A，选中点 E，【变换】菜单中选择【缩放】，输入比值 $\dfrac{1}{4}$，得点 E'，此时 $AE' = \dfrac{1}{4}AE$.

8. 依次选中点 A，E'，并选择【标记向量】，选中点 E，选中【平移】命令，在【平移】对话框内选中【标记向量】命令，确定得点 F，此时 $EF = \frac{1}{4}AE$.

9. 分别以 DE，EF 为邻边【构造】平行线，得□$DEFG$，连接 BG.

效果：随着点 D 的位置不断变化，可探究变量 AE 与 △DBG 面积之间的依赖关系，特别是当 △DBG 为等腰三角形时的两种状态（图75 – 图76）.

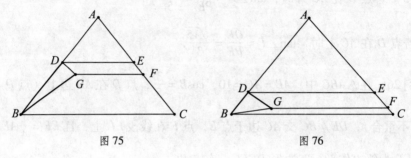

图75　　　　　　　　　　图76

解：

（1）作 $AH \perp BC$ 于 H，在 Rt△AHB 中，$\cos B = \dfrac{BH}{AB} = \dfrac{3}{5}$.

∵ $AB = 10$，

∴ $BH = 6$，

∴ $AH = 8$.

∵ $AB = AC$，

∴ $BC = 2BH = 12$，

∴ $S_{\triangle ABC} = \dfrac{1}{2} \times 12 \times 8 = 48$.

∵ $DE /\!/ BC$，

∴ △$ADE \backsim$ △ABC，$\dfrac{S_{\triangle ADE}}{S_{\triangle ABC}} = \left(\dfrac{AE}{AC}\right)^2$.

∵ $EF = \dfrac{1}{4}AE$，$EF = FC$，

∴ $\dfrac{AE}{AC} = \dfrac{4}{6} = \dfrac{2}{3}$，

∴ $\dfrac{S_{\triangle ADE}}{48} = \dfrac{4}{9}$，

∴ $S_{\triangle ADE} = \dfrac{64}{3}$.

（2）设 AH 交 DE，GF 于点 M，N.

$\because DE /\!/ BC$，

$\therefore \dfrac{AE}{AC} = \dfrac{AM}{AH} = \dfrac{DE}{BC}$.

$\because AE = x$，

$\therefore AM = \dfrac{4}{5}x$，$DE = \dfrac{6}{5}x$.

$\because MN = \dfrac{1}{4}AM = \dfrac{1}{5}x$，

$\therefore NH = 8 - x$，

$\therefore S_{\triangle DBG} = S_{梯形DBCG} - S_{平行四边形DGFE} - S_{梯形GBCF}$，

$\therefore y = \dfrac{1}{2}\left(\dfrac{6}{5}x + 12\right)\left(8 - \dfrac{4}{5}x\right) - \dfrac{6}{5}x \cdot \dfrac{1}{5}x - \dfrac{1}{2}\left(\dfrac{6}{5}x + 12\right)(8 - x)$，

$\therefore y = -\dfrac{3}{25}x^2 + \dfrac{6}{5}x$，$0 < x \leqslant 8$.

（3）作 $EP \perp BC$ 于点 P，$GQ \perp BC$ 于点 Q.

在 $\mathrm{Rt}\triangle FPC$ 中，$FC = 10 - \dfrac{5}{4}x$，$\cos C = \cos\angle ABC = \dfrac{3}{5}$，

$\therefore PC = 6 - \dfrac{3}{4}x$，

$\therefore BQ = 12 - \dfrac{6}{5}x - \left(6 - \dfrac{3}{4}x\right) = 6 - \dfrac{9}{20}x$，

$\therefore BG = \sqrt{(8 - x)^2 + \left(6 - \dfrac{9}{20}x\right)^2}$.

在 $\triangle DBG$ 中，$DB = 10 - x$，$DG = \dfrac{1}{4}x$.

① 若 $DB = DG$，则 $10 - x = \dfrac{1}{4}x$，解得 $x = 8$.

② 若 $DB = BG$，则 $10 - x = \sqrt{(8 - x)^2 + \left(6 - \dfrac{9}{20}x\right)^2}$，

解得，$x_1 = 0$（舍去），$x_2 = \dfrac{560}{81}$，

$\therefore AD = 8$ 或 $AD = \dfrac{560}{81}$.

十一、动点问题中的边角关系

例 27：在平行四边形 $ABCD$ 中，$AB = 8$，$\tan B = 2$，$CE \perp AB$，垂足为点 E（点 E 在边 AB 上），F 为边 AD 的中点，连接 EF，CD.

（1）当点 E 为边 AB 的中点时，求线段 EF 的长.

（2）设 $BC = x$，$\triangle CEF$ 的面积等于 y，求 y 关于 x 的函数解析式，并写出函数的定义域.

（3）当 $BC = 6$ 时，$\angle EFD$ 与 $\angle AEF$ 的度数满足数量关系：$\angle EFD = k$ $\angle AEF$，其中 $k \geqslant 0$，求 k 的值.

"GSP" 解题思路辅助平台：

1. 作线段 AB，【构造】AB 的中点 O.

2. 选中点 B，并【标记中心】，选中点 O，在【变换】菜单中选择【旋转】命令.

3. 在【旋转】对话框内输入角度 $-90°$，可得点 O 关于点 B 顺时针旋转 $90°$ 后的点，标签为点 O'.

4. 【构造】直线 AO'，过点 B【构造】直线 AO' 的垂线，垂足标签为点 B'，【构造】射线 BB'.

5. 在射线 BB' 上【构造】点 C，依次选中点 B，C，在【变换】菜单中选择【标记向量】.

6. 选中点 A，在【变换】菜单中选择【平移】命令.

7. 在【平移】对话框内选中【标记向量】命令，得点 A 关于向量 BC 平移后的点，标签为点 D，分别【构造】线段 AD，DC，BC，这样，满足条件的 $\square ABCD$ 制作完成.

8. 过点 C【构造】线段 AB 的垂线，垂足标签为点 E，选中线段 AD，【构造】中点 F，选中点 C，E，F，选择【构造】／【线段】.

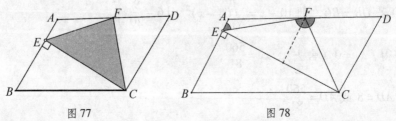

图 77　　　　　　　　图 78

效果：拖动点 C，$\square ABCD$ 的形状发生变化，线段 BC 的长与 $\triangle CEF$ 的面积、周长均存在依赖关系，$\angle EFD$ 与 $\angle AEF$ 之间亦存在依赖关系，当 $BC = 2AB$ 时，可探索 $\angle EFD$ 与 $\angle AEF$ 之间的数量关系（图 77 – 图 78）.

解：

（1）分别延长 BA，CF 相交于点 P.

在平行四边形 $ABCD$ 中，$AD /\!/ BC$，$AD = BC$，

又 $\because F$ 为边 AD 的中点，

$\therefore \dfrac{PA}{PB} = \dfrac{AF}{BC} = \dfrac{PF}{PC} = \dfrac{1}{2}$，即得 $PA = AB = 8$.

$\because$ 点 E 是边 AB 的中点，$AB = 8$，

$\therefore AE = BE = \dfrac{1}{2}AB = 4$，

即得 $PE = PA + AE = 12$.

$\because CE \perp AB$，

$\therefore EC = BE \cdot \tan B = 4 \times 2 = 8$，

$\therefore PC = \sqrt{PE^2 + EC^2} = \sqrt{12^2 + 8^2} = 4\sqrt{13}$.

在 $\text{Rt}\triangle PEC$ 中，$\angle PEC = 90°$，$PF = \dfrac{1}{2}PC$，

$\therefore EF = \dfrac{1}{2}PC = 2\sqrt{13}$.

（2）在 $\text{Rt}\triangle PEC$ 中，$\tan B = \dfrac{EC}{BE} = 2$，

$\therefore BE = \dfrac{1}{2}EC$.

由 $BC = x$，利用勾股定理 $BE^2 + EC^2 = BC^2$，

得 $BE = \dfrac{\sqrt{5}}{5}x$，即得 $EC = 2BE = \dfrac{2\sqrt{5}}{5}x$.

$\because AE = AB - BE = 8 - \dfrac{\sqrt{5}}{5}x$，

$\therefore PE + PA + AE = 16 - \dfrac{\sqrt{5}}{5}x$.

于是，由 $PF = \dfrac{1}{2}PC$，得 $y = \dfrac{1}{2}S_{\triangle PEC} = \dfrac{1}{2} \times \dfrac{1}{2}PE \cdot EC$，

$$\therefore y = \frac{1}{4} \cdot \frac{2\sqrt{5}}{5}x\left(16 - \frac{\sqrt{5}}{5}x\right),$$

$$\therefore y = \frac{1}{10}x^2 + \frac{8\sqrt{5}}{5}x, \ 0 < x \leqslant 8\sqrt{5}.$$

（3）在平行四边形 $ABCD$ 中，$AB /\!/ CD$，$CD = AB = 8$，$AD = BC = 16$.

$\because F$ 为边 AD 的中点，

$$\therefore AF = DF = \frac{1}{2}AD = 8,$$

$$\therefore FD = CD,$$

$$\therefore \angle DFC = \angle DCF.$$

$$\because AB /\!/ CD,$$

$$\therefore \angle DCF = \angle P,$$

$$\therefore \angle DFC = \angle P.$$

在 $\mathrm{Rt}\triangle PEC$ 中，$\angle PEC = 90°$，$PF = \frac{1}{2}PC$，

$$\therefore EF = PF,$$

$$\therefore \angle AEF = \angle P = \angle DFC.$$

又 $\because \angle EFC = \angle P + \angle PEF = 2\angle PEF,$

$$\therefore \angle EFD = \angle EFC + \angle DFC = 2\angle AEF + \angle AEF = 3\angle AEF,$$

即得 $k = 3$.

例 28：如图 79 所示，$\triangle ABC$ 中，$AG \perp BC$ 于点 G，以点 A 为直角顶点，分别以 AB，AC 为直角边，向 $\triangle ABC$ 外侧作 $\mathrm{Rt}\triangle ABE$ 和 $\mathrm{Rt}\triangle ACF$，过点 E，F 作射线 GA 的垂线，垂足分别为 P，Q，

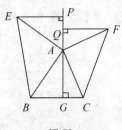

图 79

（1）若 $\mathrm{Rt}\triangle ABE$ 和 $\mathrm{Rt}\triangle ACF$ 都是等腰三角形，直接写出 EP 与 FQ 的数量关系；

（2）若 $\mathrm{Rt}\triangle ABE$ 和 $\mathrm{Rt}\triangle ACF$ 中满足 $AB = kAE$，$AC = kAF$ 时，（1）中的结论还成立吗？若成立，请证明；若不成立，请探究 EP 与 FQ 又有怎样的数量关系？

（3）若 $\mathrm{Rt}\triangle ABE$ 和 $\mathrm{Rt}\triangle ACF$ 中满足 $AB = kAE$，$AC = mAF$ 时，连接 EF 交射线 GA 于点 D，试探究 ED 与 FD 有怎样的数量关系？

"GSP"解题思路辅助平台:

1. 作△ABC,并作BC边上的高AG,垂足标签为点G.

2. 选中点A,并【标记中心】,选中点B,在【变换】菜单中,选择【旋转】命令,在【旋转】对话框内输入角度-90°,确定后得点B关于点A顺时针旋转90°后的点B'.

3. 选中点C,在【旋转】对话框内输入角度90°,得点C关于点A逆时针旋转90°后的点C'.

4. 分别【构造】射线AB',AC',GA.

5. 在射线AB'上【构造】点E,在射线AC'上【构造】点F,过点E,F分别【构造】射线GA的垂线,垂足分别为点P,Q.

6. 分别选中【度量】线段AB,AE,AC,AF,EP,FQ的长度,并在【数据】菜单中选择【计算】命令.

7. 在计算器中输入度量值$\frac{AB}{AE}$,$\frac{AC}{AF}$,$\frac{EP}{FQ}$.

效果:改变△ABC的形状或拖动点E,F的位置,可探究$\frac{AB}{AE}$,$\frac{AC}{AF}$,$\frac{EP}{FQ}$这三组比值的关系(图80-图81).

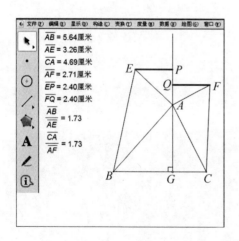

图80

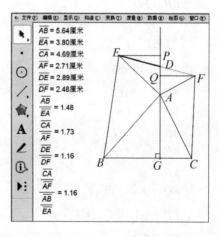

图81

解:

(1)结论:EP = FQ.

(2)结论:EP = FQ.

理由：∵ 四边形 $ABME$ 是矩形，

∴ $\angle BAE = 90°$，

∴ $\angle BAG + \angle EAP = 90°$.

∵ $AG \perp BC$，

∴ $\angle BAG + \angle ABG = 90°$，

∴ $\angle ABG = \angle EAP$.

∵ $\angle AGB = \angle EPA = 90°$，

∴ $\triangle ABG \backsim \triangle EAP$，

∴ $\dfrac{AG}{EP} = \dfrac{AB}{EA}$.

∵ $AB = kAE$，

∴ $\dfrac{AG}{EP} = k$.

同理，$\triangle ACG \backsim \triangle FAQ$，

∴ $\dfrac{AG}{FQ} = \dfrac{AC}{FA} = k$，

∴ $\dfrac{AG}{EP} = \dfrac{AG}{FQ}$，

∴ $EP = FQ$.

（3）$\dfrac{ED}{FD} = \dfrac{m}{k}$.

由（2）可知：

∴ $\dfrac{AB}{EA} = k$，$\dfrac{AC}{FA} = m$，

∴ $\dfrac{AG}{EP} = k$，$\dfrac{AG}{FQ} = m$，

∴ $\dfrac{EP}{FQ} = \dfrac{m}{k}$.

∵ $EP \perp GA$，$FQ \perp GA$，

∴ $EP /\!/ FQ$，

∴ $\dfrac{ED}{FD} = \dfrac{EP}{FQ} = \dfrac{m}{k}$.

例29：如图82所示，在 $\triangle ABC$ 中，$AB = BC$，P 为 AB 边上一点，连接 CP，以 PA，PC 为邻边作 $\square APCD$，AC 与 PD 相交于点 E，已知 $\angle ABC = \angle AEP = \alpha$

$(0° < \alpha < 90°)$.

（1）求证：$\angle EAP = \angle EPA$.

（2）$\square APCD$ 是否为矩形？请说明理由.

（3）如图 83 所示，F 为 BC 中点，连接 FP，将 $\angle AEP$ 绕点 E 顺时针旋转适当的角度，得到 $\angle MEN$（点 M，N 分别是 $\angle MEN$ 的两边与 BA，FP 延长线的交点）. 猜想线段 EM 与 EN 之间的数量关系，并证明你的结论.

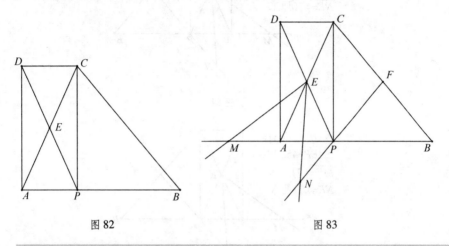

图 82　　　　　　　　　　　图 83

"GSP"解题思路辅助平台：

1. 作线段 AB，选中点 B，并选择【标记中心】，选中点 A，在【旋转】对话框内输入角度 $-90°$，$-45°$ 分别得 A'，A''，选中 A，A'，A''，【构造】／【过三点的弧】$\overset{\frown}{AA'}$.

2. 在弧 $\overset{\frown}{AA'}$ 上【构造】点 C，并【构造】线段 AC，BC.

3. 【构造】线段 AB 上的点 P，并【构造】AC 的中点 E，【标记中心】点 E，并选中点 P，在【变换】菜单中选择【反射】命令，得点 P 关于点 E 的反射点 D，【构造】线段 AD，DP，CD.

4. 【构造】BC 中点 F，射线 FP，射线 BA，并在线段 BA 的延长线上【构造】点 M.

5. 依次选中点 A，E，P，并选中【标记角度】，【标记中心】点 E，选中点 M，在【旋转】对话框内选择【标记角度】，得 M'，【构造】射线 EM' 与射线 FP 的交点 N.

6. 【度量】角度 $\angle ABC$ 和 $\angle AEP$，并【度量】线段 EM，EN 长度.

效果：拖动点 C 或点 P，根据角度度量值，观察得知当 $\angle ABC = \angle AEP$ 时，有 $CP \perp AB$，拖动点 M，根据线段 EM，EN 的度量值，观察到 $EM = EN$（图 84 – 图 85）.

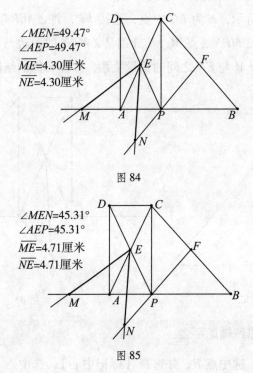

∠MEN=49.47°
∠AEP=49.47°
$\overline{ME}$=4.30厘米
$\overline{NE}$=4.30厘米

图 84

∠MEN=45.31°
∠AEP=45.31°
$\overline{ME}$=4.71厘米
$\overline{NE}$=4.71厘米

图 85

解：略.

十二、动态问题中的定值研究

例 30：在 $\triangle ABC$ 中，$AC = BC$，$AB = 8$，$CD \perp AB$，垂足为点 D. M 为边 AB 上任意一点，点 N 在射线 CB 上（点 N 与点 C 不重合），且 $MC = MN$，设 $AM = x$.

（1）如果 $CD = 3$，$AM = CM$，求 AM 的长.

（2）如果 $CD = 3$，点 N 在边 BC 上. 设 $CN = y$，求 y 关于 x 的函数解析式，并写出函数的定义域.

（3）如果 $\angle ACB = 90°$，$NE \perp AB$，垂足为点 E. 当点 M 在边 AB 上移动时，试判断线段 ME 的长是否会改变？说明你的理由.

"GSP" 解题思路辅助平台：

1. 作线段 AB，【构造】线段 AB 的中点 D.

2. 选中点 D 并选择【标记中心】.

选中点 B，在【缩放】对话框内输入比值 $\frac{3}{4}$，确定得 B'.

选中点 B'，在【旋转】对话框输入角度 $90°$，得 C'，【构造】射线 DC'.

3. 在射线 DC' 上【构造】点 C，并【构造】线段 AC，BC.

4. 【构造】AB 边上的点 M，以点 M 为圆心，MC 为半径【构造】圆 M，交射线 CB 于另一点 N，连接 MC，MN（图86）.

效果：拖动点 C，可探究当点 C 与点 C' 重合时，变量 AM 与 CN 之间的函数关系，当 $\angle ACB=90°$ 时，同时拖动点 M，作 $NE\perp AB$，垂足为点 E，可【度量】ME 的长度，并观察到 ME 的长度不发生变化（图87 – 图89）.

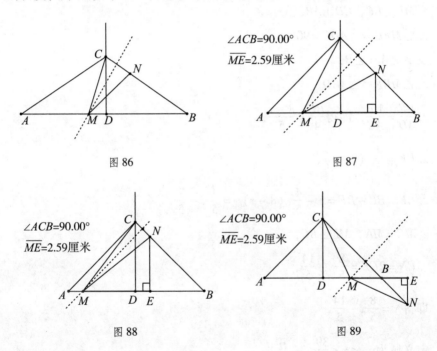

图86　　　　　　　　　　　　　　图87

图88　　　　　　　　　　　　　　图89

解：

（1）$\because AC=BC$，

$\therefore \angle A=\angle B$.

$\because AC=BC$，$CD\perp AB$，

$\therefore AD=\dfrac{1}{2}AB=4$.

由勾股定理，得 $AC=\sqrt{AD^2+CD^2}=\sqrt{4^2+3^2}=5$.

∵ $AM = CM$,

∴ $\angle A = \angle ACM$,

即得 $\angle ACM = \angle B$,

∴ $\triangle ACM \backsim \triangle ABC$,

∴ $\dfrac{AM}{AC} = \dfrac{AC}{AB}$,

∴ $\dfrac{AM}{5} = \dfrac{5}{8}$,即得 $AM = \dfrac{25}{8}$.

(2)过点 M 作 $MF \perp BC$,垂足为点 F.

由 $AM = x$,得 $BM = 8 - x$.

∵ $MF \perp BC$,$CD \perp AB$,

∴ $\angle MFB = \angle ADC = 90°$.

又∵ $\angle A = \angle B$,

∴ $\triangle MBF \backsim \triangle ACD$,

∴ $\dfrac{BF}{AD} = \dfrac{MB}{AC}$,即得 $\dfrac{BF}{4} = \dfrac{8 - x}{5}$,

∴ $BF = \dfrac{4}{5}(8 - x)$,

∴ $CF = BC - BF = 5 - \dfrac{4}{5}(8 - x) = \dfrac{4}{5}x - \dfrac{7}{5}$.

∵ $MC = MN$,$MF \perp BC$,

∴ $CN = 2CF = \dfrac{8}{5}x - \dfrac{14}{5}$,

即得 $y = \dfrac{8}{5}x - \dfrac{14}{5}$,

定义域为 $\dfrac{7}{4} < x < \dfrac{39}{8}$.

(3)当点 M 在边 AB 上移动时,线段 ME 的长不变,$ME = 4$.

由点 N 在射线 CB 上,可知点 N 在边 BC 上或点 N 在边 CB 的延长线上.

(ⅰ)如果点 N 在边 BC 上,可知点 M 在线段 AD 上.

∵ $AC = BC$,$\angle ACB = 90°$,

∴ $\angle A = \angle B = 45°$.

又∵ $AC = BC$,$CD \perp AB$,$AB = 8$,

∴ $CD = BD = 4$,

即得 $\angle BCD = 45°$.

∵ $MC = MN$,

∴ $\angle MCN = \angle MNC$.

∵ $\angle MCN = \angle MCD + \angle BCD$, $\angle MNC = \angle B + \angle BMN$,

∴ $\angle MCD = \angle NME$.

又∵ $CD \perp AB$, $NE \perp AB$,

∴ $\angle CDM = \angle MEN = 90°$,

∴ $\triangle MCD \cong \triangle MNE$（AAS），

∴ $ME = CD = 4$.

（ⅱ）如果点 N 在边 CB 的延长线上，可知点 M 在线段 BD 上，且点 E 在边 AB 的延长线上．

于是，由 $\angle ABC = \angle MNC + \angle BMN = 45°$,

$\angle BCD = \angle MCD + \angle MCN = 45°$,

$\angle MCN = \angle MNC$,

得 $\angle MCD = \angle BMN$.

再由 $MC = MN$, $\angle CDM = \angle MEN = 90°$,

得 $\triangle MCD \cong \triangle MNE$（AAS），

∴ $ME = CD = 4$.

∴ 由（ⅰ）（ⅱ）可知，当点 M 在边 AB 上移动时，线段 ME 的长不变，且 $ME = 4$.

十三、动点问题中的线段关系

例 31：已知：正方形 $ABCD$ 的边长为 1，射线 AE 与射线 BC 交于点 E，射线 AF 与射线 CD 交于点 F, $\angle EAF = 45°$.

（1）如图 90 所示，当点 E 在线段 BC 上时，试猜想线段 EF, BE, DF 有怎样的数量关系？并证明你的猜想．

（2）设 $BE = x$, $DF = y$, 当点 E 在线段 BC 上运动时（不包括点 B, C），如图 91，求 y 关于 x 的函数解析式，并指出 x 的取值范围．

（3）当点 E 在射线 BC 上运动时（不含端点 B），点 F 在射线 CD 上运动．试判断以 E 为圆心，以 BE 为半径的 $\odot E$ 和以 F 为圆心，以 FD 为半径的 $\odot F$ 之间的位置关系.

（4）当点 E 在 BC 延长线上时，设 AE 与 CD 交于点 G，如图 91 所示. 问 $\triangle EGF$ 与 $\triangle EFA$ 能否相似？若能相似，求出 BE 的值，若不能相似，请说明理由.

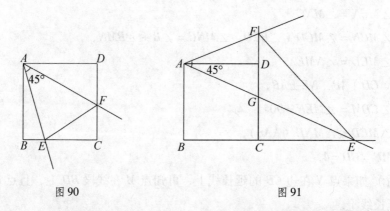

图 90   图 91

"GSP"解题思路辅助平台：

1. 作正方形 $ABCD$.

2.【构造】射线 BC，CD，在射线 BC 上【构造】点 E.

3. 选中点 A，并选择【标记中心】，选中点 E，在【变换】菜单中选择【旋转】命令.

4. 在【旋转】对话框内输入角度 $45°$，得点 E'，【构造】射线 AE' 交射线 CD 于点 F.

5. 分别【构造】射线 AE，线段 EF.

6. 分别【构造】以 BE 为半径的 $\odot E$ 与以 FD 为半径的 $\odot F$.

效果：选中点 E 并不断拖动，可探索 $\odot E$ 与 $\odot F$ 的各种位置关系（图 92 – 图 93），当点 E 在线段 BC 上时，【度量】线段 EF，BE，DF 的长度，发现始终有 $BE + DF = EF$.

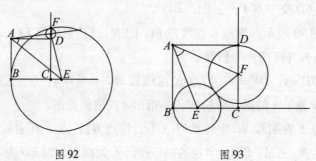

图 92   图 93

解：

（1）猜想：$EF = BE + DF$.

证明：将△ADF绕着点A顺时针方向旋转$90°$，得△ABF'，易知点F'，B，E在一条直线上，如图94所示.

∵ $AF' = AF$，

$\angle F'AE = \angle 1 + \angle 3 = \angle 2 + \angle 3 = 90° - 45° = 45° = \angle EAF$，

又 $AE = AE$，

∴ △$AF'E \cong$ △AFE，

∴ $EF = F'E = BE + DF$.

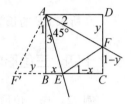

图94

（2）由（1）得，$EF = x + y$，

又 $CF = 1 - y$，$EC = 1 - x$，

∴ $(1 - y)^2 + (1 - x)^2 = (x + y)^2$.

化简可得，$y = \dfrac{1 - x}{1 + x}$（$0 < x < 1$）.

（3）①当点E在点B，C之间时，由（1）知$EF = BE + DF$，故此时⊙E与⊙F外切；

②当点E在点C上时，$DF = 0$，⊙F不存在.

③当点E在BC的延长线上时，将△ADF绕着点A顺时针方向旋转$90°$，得△ABF'，如图95所示.

此时有 $AF' = AF$，$\angle 1 = \angle 2$，$BF' = FD$，

∴ $\angle F'AF = 90°$，

∴ $\angle F'AE = \angle EAF = 45°$.

又 $AE = AE$，

∴ △$AF'E \cong$ △AFE，

∴ $EF = EF' = BE - BF' = BE - FD$，

∴ 此时⊙E与⊙F内切.

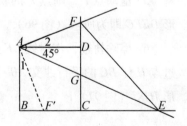

图95

综上所述，当点E在线段BC上时，⊙E与⊙F外切；当点E在BC的延长线上时，⊙E与⊙F内切.

（4）△EGF与△EFA能够相似，只要当$\angle EFG = \angle EAF = 45°$即可.

这时有 $CF = CE$.

设 $BE = x$，$DF = y$，由（3）有 $EF = x - y$.

由 $CE^2 + CF^2 = EF^2$，得

$(x-1)^2 + (1+y)^2 = (x-y)^2$，化简可得 $y = \dfrac{x-1}{x+1}$（$x > 1$）.

又由 $EC = FC$，得 $x - 1 = 1 + y$，即 $x - 1 = 1 + \dfrac{x-1}{x+1}$，

化简得 $x^2 - 2x - 1 = 0$，

解之得 $x_1 = 1 + \sqrt{2}$，$x_2 = 1 - \sqrt{2}$（不符题意，舍去），

∴ 所求 BE 的长为 $1 + \sqrt{2}$.

十四、三角形内接正方形的作法

例 32：作三角形的内接正方形.

在锐角 $\triangle ABC$ 中，求作正方形 $KIHJ$，使得点 K，I 在 BC 边上，点 H，J 分别在 AC，AB 边上.

"GSP" 解题思路辅助平台：1

1. 在线段 BC 上【构造】点 D.

2. 选中点 D，线段 BC，【构造】／【垂线】l，【构造】l 与 AB 的交点 E.

3. 以 DE 为边长在直线 l 右侧作正方形 $DEFG$.

4. 选中点 F，在【显示】菜单中选择【追踪】命令.

5. 拖动点 D，则点 F 的轨迹显示为一条线段，当点 F 在 AC 边上时，四边形 $DEFG$ 即为所求（图96）.

6. 擦除轨迹，作射线 BF 交 AC 于点 H，过点 H 作 BC 的垂线，垂足为点 I，过点 H 作 BC 的平行线交 AB 于点 J，过点 J 作 BC 的垂线交 BC 于点 K，得正方形 $HJKI$（图97）.

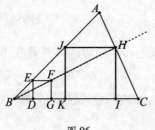

图96

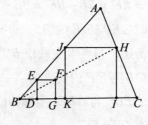

图97

"GSP"解题思路辅助平台：2

1. 作△ABC.

2. 作$AH \perp BC$，垂足为点H.

3. 选中点A，在【变换】菜单中选择【标记中心】.

4. 选中点H，在【变换】菜单中选择【旋转】，在【旋转】对话框内输入角度$90°$，得点H关于点A逆时针旋转$90°$后的点H'.

5. 选中点B，H'，选择【构造】／【线段】，BH'与AC交于点D.

6. 选中点D，线段BC，选择【构造】／【垂线】，垂足标签为点E.

7. 同理，【构造】过点D且平行于BC的直线交AB于点G，【构造】过点G且垂直于BC的直线交BC于点F.

8. 依次选中点D，E，F，G，选择【构造】／【线段】，并【隐藏】构造的直线，则四边形$DEFG$即为满足条件的正方形（图98）.

效果：不断改变△ABC的形状，则四边形$DEFG$为正方形，且四个顶点在△ABC的边上.

证明：易证四边形$DEFG$是矩形，因为$GD /\!/ AH'$，得$\dfrac{GD}{AH'} = \dfrac{BG}{BA}$. 因为$GF /\!/ AH$，

得$\dfrac{GF}{AH} = \dfrac{BG}{BA}$，所以$\dfrac{GD}{AH'} = \dfrac{GF}{AH}$，因为$AH = $

AH'，所以$GD = GF$，所以四边形$DEFG$为正方形.

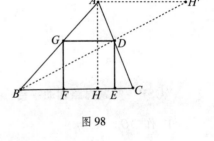

图98

数学名题探究与赏析：实践应用（二）

例1：蝴蝶定理探究

如图1所示，已知：AB 为 ⊙O 中的任意一条弦，C 为弦 AB 的中点，过点 C 作两弦 MN，KL，连接 KN，ML，分别交弦 AB 于点 P，Q，则 $PC = QC$.

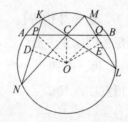

图1

"GSP"解题思路辅助平台：

1. 作 ⊙O.

2. 在 ⊙O 上【构造】点 A，B，作线段 AB.

3. 【构造】线段 AB 的中点 C.

4. 过点 C 任作两条弦，分别标签为 MN，KL.

5. 【构造】线段 KN，ML，分别与弦 AB 交于点 P，Q.

效果：改变 ⊙O 的大小，或弦 AB，MN，KL 的位置．选中线段 PC，QC，在【度量】菜单中选择【长度】，度量得出线段 PC，QC 的长度随着上述变量的位置大小发生变化，线段 PC，QC 长度也发生变化，但相等关系不变，始终有 $PC = QC$（图2）．

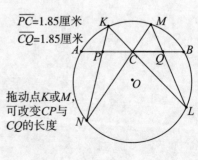

$\overline{PC}$=1.85厘米
$\overline{CQ}$=1.85厘米

拖动点K或M，可改变CP与CQ的长度

图2

证明：连接 OC，OP，OQ，

作 ∵ $OD \perp KN$，$OE \perp ML$ 垂足为 D，E，

连接 CD，CE（图3）．

∵ $\angle NKL = \angle NML$，$\angle KNM = \angle KLM$，

∴ $\triangle NKC \backsim \triangle LMC$，

∴ $\dfrac{KN}{KC} = \dfrac{ML}{MC}$．

取 KN 中点为 D，ML 中点为 E，

连接 OD，OP，OC，OQ，OE，CD，CE，则有 $\dfrac{KD}{KC} = \dfrac{ME}{MC}$，

∴ $\triangle NKC \backsim \triangle MEC$．

∵ $OD \perp KN$，$OC \perp AB$，

∴ O，C，D，P 四点共圆．

同理，O，C，D，P 四点共圆，

∴ $\angle PDC = \angle POC$，$\angle QEC = \angle QOC$．

又∵ $\angle PDC = \angle POC$，

∴ $\angle POC = \angle QOC$．

在 $\triangle POQ$ 中，∵ $OC \perp PQ$，

∴ $PC = QC$．

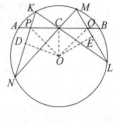

图3

例2：垂足三角形

（1）定义：设点 P 为 $\triangle ABC$ 内一点，由点 P 向三边 BC，CA，AB 引垂线 PA_1，PB_1，PC_1，以垂足为顶点的 $\triangle A_1B_1C_1$ 称为 $\triangle ABC$ 关于"垂点" P 的垂足三角形．

（2）纽伯格结论：设 $\triangle ABC$ 中内一点 P 得到的垂足三角形为 $\triangle A_1B_1C_1$，$\triangle A_1B_1C_1$ 关于点 P 的第二个垂足三角形为 $\triangle A_2B_2C_2$，第三次又产生对于 $\triangle A_2B_2C_2$ 的垂足三角形 $\triangle A_3B_3C_3$，则 $\triangle A_3B_3C_3 \backsim \triangle ABC$（图4）．

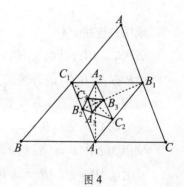

图4

"GSP"解题思路辅助平台：

1. 作 $\triangle ABC$ 及 $\triangle ABC$ 内一点 P．

2. 过点 P 引 $\triangle ABC$ 三边的垂线，垂足分别为 A_1，B_1，C_1．

3. 选中点 A_1，B_1，C_1，选择【构造】/【线段】，得到 $\triangle A_1B_1C_1$．

4. 过点 P 作 $\triangle A_1B_1C_1$ 三边的垂线，垂足分别为 A_2，B_2，C_2.

5.【构造】$\triangle A_2B_2C_2$.

6. 过点 P 作 $\triangle A_2B_2C_2$ 三边的垂线，垂足分别为 A_3，B_3，C_3.

7.【构造】$\triangle A_3B_3C_3$.

8. 改变 $\triangle ABC$ 形状或者点 P 的位置，选择【度量】比较角度 $\angle BAC$ 和 $\angle B_3A_3C_3$，$\angle ACB$ 和 $\angle A_3C_3B_3$，发现 $\angle BAC = \angle B_3A_3C_3$，$\angle ACB = \angle A_3C_3B_3$，即 $\triangle ABC$ 和 $\triangle A_3B_3C_3$ 始终保持相似（图5）.

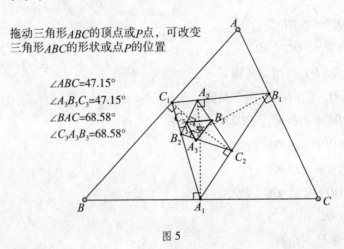

图 5

证明：连接 PA.

$\because PB_1 \perp AB_1$，$PC_1 \perp AC_1$，

$\therefore P$ 在 $\triangle AB_1C_1$ 的外接圆上.

同理，P 也在 $\triangle A_2B_1C_2$，$\triangle A_3B_3C_2$，$\triangle A_2B_2C_1$ 和 $\triangle A_3B_2C_3$ 的外接圆上，

$\therefore \angle C_1AP = \angle C_1B_1P = \angle A_2B_1P = \angle A_2C_2P = \angle B_3C_2P = \angle B_3A_3P$.

又因为 $\angle PAB_1 = \angle PC_1B_1 = \angle PC_1A_2 = \angle PB_2A_2 = \angle PB_2C_3 = \angle PA_3C_3$，

$\therefore \angle C_1AP = \angle PAB_1 = \angle B_3A_3P + \angle PA_3C_3$，

即 $\angle BAC = \angle B_3A_3C_3$.

同理，$\angle ACB = \angle A_3C_3B_3$，

$\therefore \triangle ABC \backsim \triangle A_3B_3C_3$.

例3：九点共圆

（1）定义：三角形中三边的三个中点、三条高的垂足、重心到各顶点连线段的中点，这九个点在同一个圆上.

已知：如图6所示，在 $\triangle ABC$ 中，H 是垂心，L，M，N 分别为 BC，CA，

AB 的中心，D，E，F 分别是三条高的垂足，P，Q，R 分别是 AH，BH，CH 的中点（图6）.

求证：L，M，N，D，E，F，P，Q，R 九点共圆.

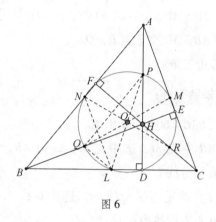

图6

"GSP"解题思路辅助平台：

1. 作△ABC，【构造】三边 AB，BC，AC 的中点 N，L，M.

2. 作△ABC 三边的高 AD，BE，CF，垂足分别为 D，E，F.

3. 选中 AD，BE，选择【构造】/【交点】，标签交点为 H，点 H 即为△ABC 的垂心.

4. 选中线段 AH，BH，CH，分别选择【构造】/【中点】，得线段 AH，BH，CH 中点 P，Q，R.

5. 选中点 P，L，选择【构造】/【线段】，并【构造】线段 PL 的中点 O.

6. 依次选中点 O，P，选择【构造】/【线段】/【以圆心和圆周上的点作圆】，得⊙O.

7. 不断改变△ABC 的位置与形状，则 L，M，N，D，E，F，P，Q，R 始终在⊙O 上.

证明：连接 LP，MQ，NR，LR，RP，LM，MP，LQ，QP，LN，NP，

则 NP ∥ BE ∥ LR，LQ ∥ CF ∥ MP，LN ∥ RP ∥ AC，ML ∥ PQ ∥ AB.

又因为 BE⊥AC，CF⊥AB，

∴ LQ⊥PQ，LM⊥PM，LN⊥NP，LR⊥RP，

∴ L，M，N，P，Q，R 共圆，且 PL，QM，RN 都是直径.

由于∠LDP = ∠MEQ = ∠NFR = 90°，

∴ 点 D，E，F 亦在此圆上，

即九点共圆.

例 4：特殊三角形的外垂线（外心、垂心所在直线）

在锐角 $\triangle ABC$ 中，$AB > AC$，$\angle BAC = 60°$，点 O，H 分别为 $\triangle ABC$ 的外心、垂心，直线 OH 分别与 AB，AC 交于点 P，Q.

求证：$\triangle APQ$ 是等边三角形.

"GSP" 解题思路辅助平台：

1. 作 $\triangle ABC$ 满足 $\angle BAC = 60°$，$AB > AC$.

2. 【构造】线段 AB 中点 M，选中点 M，线段 AB，选择【构造】／【垂线】，得线段 AB 的垂直平分线 l.

3. 同理，作线段 BC 的垂直平分线 m，选中直线 l，m，选择【构造】／【交点】，得 $\triangle ABC$ 的外心，标签为点 O.

4. 作 BC 边上的高 AF，AC 边上的高 BE，【构造】AF，BE 交点，标签为点 H，得 $\triangle ABC$ 的重心 H.

5. 选中点 O，H，选择【构造】／【直线】，直线 OH 分别与 AB，AC 交于点 P，Q.

6. 拖动点 B 或点 C，改变 $\triangle ABC$ 形状，【度量】$\angle APQ$ 与 $\angle AQP$ 的度数，始终有 $\angle APQ = \angle AQP = 60°$（图 7）.

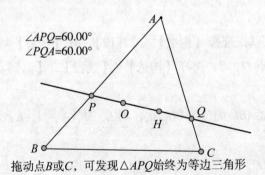

拖动点 B 或 C，可发现 $\triangle APQ$ 始终为等边三角形

图 7

证明：连接 AO，BO，过点 O 作 $ON \perp AB$ 于点 N，连接 BH 并延长交 AC 于点 E，连接 AH 并延长交 BC 于点 F（图 8）.

因为点 H 为 $\triangle ABC$ 的重心，

所以 $BE \perp AC$，$AF \perp BC$.

在 Rt△BEA 中，因为 ∠EAB = 60°，

所以 $EA = \dfrac{AB}{2} = AN$.

因为点 O 为 △ABC 的外心，

所以 $AO = BO$，

故 $\angle NAO = \dfrac{1}{2} \angle AOB = \angle C = \angle AHE$，

所以 $\text{Rt}\triangle ANO \cong \text{Rt}\triangle AEH$，

所以 $\angle NAO = \angle EAH$，$AO = AH$，

故 $\angle AOH = \angle AHO$，

所以 $\angle AOP = \angle AHQ$，

所以 $\triangle AOP \cong \triangle AHQ$，

所以 $AP = AQ$.

又因为 $\angle BAC = 60°$，

所以 △APQ 是等边三角形.

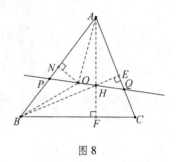

图 8

例 5：塞瓦定理

如图：设 O 是 △ABC 内任意一点，射线 AO，BO，CO 分别交对边于点 N，P，M，则 $\dfrac{AM}{MB} \cdot \dfrac{BN}{NC} \cdot \dfrac{CP}{PA} = 1$.

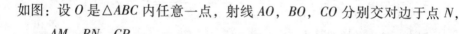

"GSP" 解题思路辅助平台：

1. 作任意△ABC 及 △ABC 内任意一点 O.

2. 【构造】射线 AO，BO，CO，分别与△ABC 的三边交于点 N，P，M.

3. 分别【度量】线段 AM，BM，BN，CN，PC，AP 的长度.

4. 在【数据】菜单中选中【计算】命令，在计算中输入度量值 $\dfrac{AM}{MB} \cdot \dfrac{BN}{NC} \cdot \dfrac{CP}{PA}$.

5. 改变△ABC 的形状或拖动点 O，则始终有 $\dfrac{AM}{MB} \cdot \dfrac{BN}{NC} \cdot \dfrac{CP}{PA} = 1$（图 9）.

证明：如图 10 所示，因为 △CAO 和 △CBO 有公共底边 CO，而这两个三角形 CO 上的高之比为 $\dfrac{AM}{MB}$，

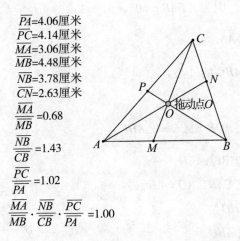

$\overline{PA}$=4.06厘米
$\overline{PC}$=4.14厘米
$\overline{MA}$=3.06厘米
$\overline{MB}$=4.48厘米
$\overline{NB}$=3.78厘米
$\overline{CN}$=2.63厘米
$\dfrac{\overline{MA}}{\overline{MB}}$ =0.68
$\dfrac{\overline{NB}}{\overline{CB}}$ =1.43
$\dfrac{\overline{PC}}{\overline{PA}}$ =1.02
$\dfrac{\overline{MA}}{\overline{MB}}\cdot\dfrac{\overline{NB}}{\overline{CB}}\cdot\dfrac{\overline{PC}}{\overline{PA}}$ =1.00

图 9

所以，$\dfrac{AM}{MB}=\dfrac{S_{\triangle CAO}}{S_{\triangle CBO}}$.

同理，$\dfrac{BN}{NC}=\dfrac{S_{\triangle ABO}}{S_{\triangle CAO}}$，$\dfrac{CP}{PA}=\dfrac{S_{\triangle CBO}}{S_{\triangle ABO}}$，

三式相乘得 $\dfrac{AM}{MB}\cdot\dfrac{BN}{NC}\cdot\dfrac{CP}{PA}=\dfrac{S_{\triangle CAO}}{S_{\triangle CBO}}\cdot\dfrac{S_{\triangle ABO}}{S_{\triangle CAO}}\cdot\dfrac{S_{\triangle CBO}}{S_{\triangle ABO}}=1$.

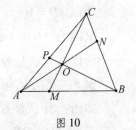

图 10

例6：三角形的费马点

已知：$\triangle ABC$ 所在平面上，求一点 P，使得 $PA+PB+PC$ 最小（只讨论 $\triangle ABC$ 最大内角小于 $120°$ 的情况．如果三角形有一个内角不小于 $120°$，则该角的顶点即为所求的点）．

"GSP" 解题思路辅助平台：

1. 作 $\triangle ABC$ 及 $\triangle ABC$ 内任意一点 P.

2. 选中点 B，并选择【标记中心】.

3. 选中点 P，在【变换】菜单中选中【旋转】命令.

4. 在【旋转】对话框内输入角度 $60°$，得点 P 关于点 B 逆时针旋转 $60°$后的对应点 P'.

5. 选中点 A，在【变换】菜单中选中【旋转】命令，输入角度 $60°$，得点 A 关于点 B 旋转 $60°$后的对应点 A'.

6. 分别【构造】线段 AP，BP，CP，PP'，BP'，$A'P'$，$A'B$，AA'.

7. 【度量】线段 AP，BP，CP 及线段 CP，PP'，$A'P'$的长度．

8. 在【数据】菜单中选择【计算】命令，在计算器中输入 $AP + BP + CP$ 与 $CP + PP' + A'P'$．

9. 拖动点 P，不断改变 P 点位置，始终有 $AP + BP + CP = CP + PP' + A'P'$，当点 C，P，P'，A' 共线时，此时 $AP + BP + CP$ 的值最小（图11）．

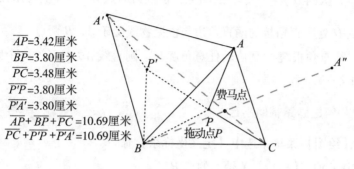

$\overline{AP} = 3.42$厘米
$\overline{BP} = 3.80$厘米
$\overline{PC} = 3.48$厘米
$\overline{P'P} = 3.80$厘米
$\overline{PA'} = 3.80$厘米
$\overline{AP} + \overline{BP} + \overline{PC} = 10.69$厘米
$\overline{PC} + \overline{P'P} + \overline{PA'} = 10.69$厘米

图 11

证明：设点 P 是△ABC 内一点，连接 PA，PB，PC，以 AB 为边向外作正三角形 ABA'，则点 A' 确定．以 BP 为边作正三角形 BPP'，因为点 P 是变化的，所以点 P' 也是变化的．

∵ $BP = BP'$，$BA = BA'$，$\angle PBA = \angle P'BA' = 60° - \angle P'BA$，

∴ △$ABP \cong △A'BP'$，

∴ $PA = P'A'$．

∵ $PB = BP' = P'P$，

∴ $PA + PB + PC = A'P' + P'P + PC$．

因为点 A' 为定点，则 $PA + PB + PC$ 的长即为折线 $C - P - P' - A'$ 的长．

显然，当这四点共线时，长度最小，此时因 $\angle BPP' = 60°$，点 P，P' 在线段 CA' 上，

∴ $\angle BP'P = 60°$，

∴ $\angle BPC = 120°$，$\angle BP'A' = 120°$，

即 $\angle BPA = 120°$，

∴ $\angle APC = 120°$．

结论：

P 点位置：P 点与三角形任意两个顶点所成的角均为 $120°$．

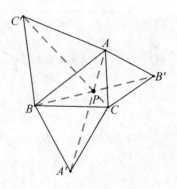

图 12

作法：已知△ABC（最大的内角小于 $120°$），以 BC 为边向外作正三角形 A'

BC，以 CA 为边向外作正三角形 ACB'，以 AB 为边向外作正三角形 ABC'，则 AA'，BB'，CC' 三线共点，这三条线的交点即为 $\triangle ABC$ 的费马点（图12）.

例7：特殊二次函数图像中的定量研究

已知：二次函数 $y = -\dfrac{1}{2}x^2$ 的图像，顶点为原点 O. 将一块直角板的直角顶点置于原点 O 处，直角板的两直角边与该抛物线交于 A，B 两点.

探索：将直角板绕点 O 旋转任意角度时，则直线 AB 总经过一个固定的点，求该点的坐标.

"GSP"解题思路辅助平台：

1. 在【绘图】菜单中选中【定义坐标系】命令.

2. 选中 X 轴，【构造】X 轴上的点 P.

3. 右键单击点 P，选择【横坐标】，得 X_P 的值.

4. 在【绘图】菜单中选中【计算】命令.

5. 在计算器中输入 $-0.5 \cdot X_P^2$ 的值.

6. 依次选中数据框 X_P，$-0.5 \cdot X_P^2$，在【绘图】菜单中选择绘制点 (x, y)，在坐标系内得点 P'.

7. 选中点 P，P'，选择【构造】／【轨迹】，得二次函数 $y = -\dfrac{1}{2}x^2$ 的图像.

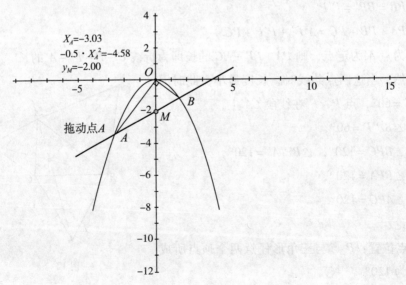

图13

8. 【构造】二次函数图像上的点 A，【构造】线段 AO，选中点 O 及线段 AO，选择【构造】／【垂线】，该垂线交二次函数图像于另一点 B. 选中点 A，B，【构造】直线 AB，并【构造】直线 AB 与 y 轴的交点 M. 拖动点 A，点 M 的位置不发生改变（图13）．

解：作 $AE \perp x$ 轴，$BF \perp x$ 轴，垂足分别为点 E，F（图14）．

设 OE 长度为 m，OF 长度为 n，

则点 A 坐标 $\left(-m，-\dfrac{1}{2}m^2\right)$，$B\left(n，-\dfrac{1}{2}n^2\right)$．

设直线 AB 解析式为 $y = kx + b$，

把点 A，B 坐标代入，解得 $b = -\dfrac{1}{2}mn$．

又因为 $\triangle AEO \backsim \triangle OFB$，

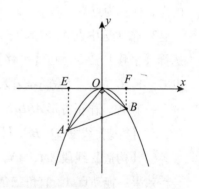

所以 $\dfrac{AF}{OF} = \dfrac{OE}{BF}$，即 $\dfrac{\frac{1}{2}m^2}{2} = \dfrac{m}{\frac{1}{2}n^2}$，

解得 $mn = 4$，

所以 $b = -\dfrac{1}{2}mn = -2$，

即直线 AB 恒过点（0，-2）．

图14

例8：动态图形中的等量关系

如图15所示，已知在 $\triangle ABC$ 中，$\angle BAC = 90^\circ$，以 AB，AC 为边向外作正方形 $ABDE$ 和正方形 $ACFG$，CD 交 AB 于点 M，BF 交 AC 于点 N，求证：$AM = AN$．

证明：$\because AB /\!/ ED$，

$\therefore \dfrac{AM}{DE} = \dfrac{AC}{CE}$，

即 $\dfrac{AM}{AB} = \dfrac{AC}{AB + AC}$，

整理得 $AM = \dfrac{AB \cdot AC}{AB + AC}$．

$\because AC /\!/ GF$，

$\therefore \dfrac{AN}{GF} = \dfrac{AB}{BG}$，

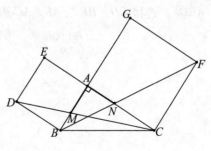

图15

即 $\dfrac{AN}{AC} = \dfrac{AB}{AB + AC}$,

整理得 $AN = \dfrac{AB \cdot AC}{AB + AC}$,

∴ $AM = AN$.

"GSP"解题思路辅助平台:

1. 作线段 BC,以 BC 为直径作半圆,在半圆上【构造】点 A. 连接 AB,AC,按"Ctrl + h"隐藏半圆.

2. 选中点 A,并选择【标记中心】. 选中点 C,在【变换】菜单中选择【旋转】,在【旋转】对话框输入角度 90°,得点 C 关于点 A 逆时针旋转 90° 后的点,标签为点 G.

3. 依次选中点 A,C,并选择【标记向量】. 选中点 G,在【变换】菜单中选择【平移】命令,在【平移】对话框选中标记向量,确定得点 F. 依次选中点 C,A,G,F,【构造】线段,得正方形 $ACFG$.

4. 同理,作正方形 $ABDE$.

5.【构造】线段 CD,BF,【构造】线段 AB,CD 的交点 M,线段 AC,DF 的交点 N.

6.【构造】线段 AM,AN,并【度量】AM,AN 的长度.

效果:拖动点 A,直角三角形 ABC 的大小、形状也会同步改变,但始终保持 $AM = AN$.

推广:

如图 16 所示,$\triangle ABC$ 中,点 G,F 分别在 BA,CA 的延长线上,且 $AG = AC$,$AB = AE$,分别以 AC,AG 为边作菱形 $ACFG$,以 AB,AE 为边向外作菱形 $ABDE$,连接 CD,BF 与 AB,AC 边分别交于点 M,N,则 $AM = AN$.

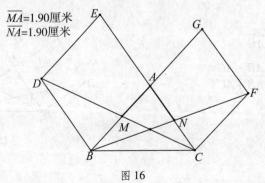

图 16

例9：拿破仑三角形

以任意三角形的各边向外作正三角形，则以这三个正三角形的中心为顶点构成的三角形为正三角形.

如图17所示，已知：$\triangle ABC$，分别以AB，BC，AC为边向$\triangle ABC$外作正三角形ABE，BCF，ACD. 作$\triangle ABE$，$\triangle BCF$和$\triangle ACD$的中心O_3，O_1，O_2.

求证：$\triangle O_1O_2O_3$是等边三角形.

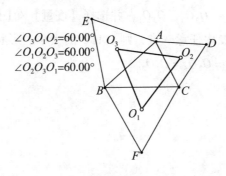

图 17

"GSP"解题思路辅助平台：

1. 作$\triangle ABC$.

2. 选中点A，并选择【标记中心】. 选中点C，在【变换】菜单中选择【旋转】，在【旋转】对话框输入角度$60°$，得点C关于点A逆时针旋转$60°$后的点，标签为点D.

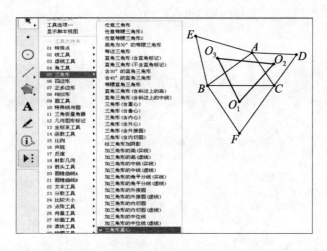

图 18

3. 选中点 A，C，D，选择【构造】／【线段】，则 $\triangle ACD$ 是以 AC 为一条边的正三角形.

4. 在左侧【自定义工具】下拉框中选择【三角形】／【三角形的外心】，依次选中点 A，C，D，弹出正三角形 ACD 的中心，标签为点 O_2.

5. 同理，作出正三角形 ABE 及中心 O_3，正三角形 BCF 及中心 O_1（图18）.

6. 选中点 O_1，O_2，O_3，选择【构造】／【线段】.

7. 选中线段 O_1O_2，O_2O_3，O_3O_1，并选择【度量】／【长度】.

效果：拖动 $\triangle ABC$ 中任意一点，则 $\triangle ABC$ 的大小、形状也会发生改变，根据度量值可发现 $O_1O_2 = O_2O_3 = O_1O_3$.

中　篇

"GSP"辅助下的专题
设计与实践

基于 "GSP" 平台的专题设计理论构架

一、"GSP"辅助下的专题教学促进了知识的有效构建

在几何专题设计中，几何作图是教学中的一个难点，在"GSP"平台下准确作出符合要求的几何图形，才能更有效地突破解题障碍与教学难点．对某些研究性专题问题的处理，在"GSP"平台下可有效突破难点．譬如运用"深度迭代"工具，可探究圆周率的近似值．操作上，利用"深度迭代"可作出圆的内接正 n 边形，以圆心为中心，将正 n 边形分割成几个等腰三角形，"度量"其中一个等腰三角形的面积，将面积度量值乘以 n 后再除以半径长的平方，得计算式的值；选中"参数"，随着"参数"的不断增加，n 的值也不断增加，n 越大，计算式的值越接近圆周率 π，这样的探究，其他软件是无法替代的，通过"GSP"平台可作动态、直观的精彩演绎．在"GSP"平台下亦可突破专题教学中的难点．譬如函数图像的教学中，在描点连线过程中，由于误差等原因，所描的点很难突出函数图像的特征，教学中很多教师在处理此问题时往往是"滑过的"，其实要从感官上感知某些函数的图像到底是什么？一是要有足够多的点（在有限的课堂教学中很难做到），二是绘制的点必须要比较精确（用铅笔、直尺等作图工具绘制往往达不到要求），利用"GSP"平台下的"迭代"功能，在短时间可画出尽可能多的精确点，随着点个数的不断增加，图像可以较直观地得到显示，这样，学生的兴趣也培养了，教学的难点也突破了．

（一）核心概念

（1）"GSP"平台辅助的专题设计指在国家规定的基础型课程问题框架下的专题拓展，通过对基础性问题或基本图形进一步重组、横向或纵深的渐进式挖掘与延伸，在问题解决过程中力求对基础知识要点及基本思想、技能进行有效覆盖，提升数学问题研究的能力．狭义的理解为：考纲范围要求下的专题拓展．

（2）"GSP"平台辅助的专题教学设计是对知识结构解题方法、操作规程和

解题思路的总结归纳，其目的是从整体上把握问题的思考与解决方式，形成一定的思想方法，并注重学生整体思维能力的培养，使掌握的知识融会贯通，最终达到熟练综合运用．通过"GSP"平台下的动点展示，在函数与方程的联系中，把遗忘的知识重新建立起来，把没有掌握牢固的知识补上，防止还原过程的出现．高品质的专题教学，即能帮助学生回顾并应用所学知识，又能促使学生对数学知识的认识深化与提高，更是方法的提炼与总结，数学思想的升华和思维能力的发展．

（二）近年来上海中考压轴题的构图特点与逻辑分析

1. 构图特点

（1）外围图形（基本图形）固定，由某一动点在线段或弧上移动（拓展）引发图形内部其他动点随之在一定范围内变化．

（2）外围图形不固定，内部结构特征清晰，根据内部结构的变化规律引发外围图形的一系列变化．

（3）基本图形的挖掘成为试题图形内部的主要构成元素（如直角三角形，等腰三角形，全等、相似三角形）．

（4）从复杂图形中，发现特殊图形和特殊图形关系成为突破的重要环节．（如发现特殊角，2012 年 $\angle DOE = 45°$，发现特殊关系，2013 年 $BP \parallel EQ$，发现特殊三角形，2015 年 3：4：5 的 Rt△，发现特殊四边形，2014 年菱形 $AECP$……）

2. 逻辑分析

（1）将条件在不同几何形态中互相转化．

如：2010 年 $\angle P \rightarrow \angle MDE \rightarrow EM : DM = 1 : 3$；2015 年 $\angle COQ = 90° \rightarrow OC : CQ = 4 : 5$.

（2）适用几何逻辑题实现条件在不同几何形态间转化，由因导果或由果索因.

从近年来中考压轴题的构图特点与逻辑分析来看，彰显了"GSP"辅助下的问题拓展模式对于优化平面几何课堂教学的意义．

（三）"GSP"平台辅助的专题设计与平面几何教学的依存关系

1. 德慈的"问题拓展与研究"五阶段理论

（1）向学生呈现问题：学生整理先前知识，确定问题的性质形成初步想法．

（2）通过探究，对专题中的不理解成分进行梳理，进而鼓励学生进一步去澄清．

（3）确定"不理解"成分中的内容重要性并进行排序，确定需要合作完成和人人独立完成的部分．

（4）共同讨论，需要哪些资源，将掌握的资源整合到所讨论的问题．

（5）学生认识到学习总是处于"现在进行时"，在研究过程中可以不断发现新事物．

2. 初中平面几何教学内容与体系

初中平面几何教学，是初中阶段数学教学的难点，从《初中数学学科基本要求》的学习目标看，学生学习平面几何都要经过四道关卡，即：概念关，图形关，语言关和推理关①．而概念关，图形关过得好坏，直接影响着平面几何学习的优劣．在掌握了平面几何的基本概念、定义、定理、公理后，"GSP"平台辅助的专题教学设计创导能从不同的角度观察图形的本质属性及特点，主动地处理问题中表面的繁杂的信息，明确观察的目的，重视主要部分的感知和隐藏部分的探索．

3. "GSP"平台辅助的专题教学设计的基本特征

以几何基本图形的研究为着手点，由简单到复杂，由繁杂到系统地螺旋式探究，但又赋予了更多的内涵．引导学生进行横向的剖析，纵向的延伸，帮助学生发掘出问题的各个方面，使得通过解决一道题，就好像通过一道门户，产生豁然开朗之感，并达到学会一例，驾驭一批的境界．其模式是将一个已有的问题（基础问题）进行系列改编形成一组题或一个题链，其框图可表示为图1所示．

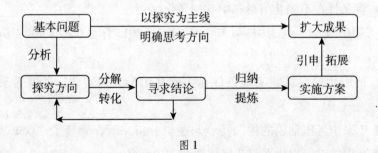

图 1

"GSP"平台辅助的专题教学其本质是一种以探究为主线的课堂教学，在顾及优等生和后进生的知识、能力、学习特点基础上，将问题起点定位在后进生

———————————————

① 上海市教育委员会教学研究室. 上海市初中数学学科教学基本要求［M］. 上海：上海教育出版社，2017：160 − 161.

上，在基本问题层层推进的过程中进行适时地提炼归纳．其课堂教学内容的最高点定位在优等生所达到的水平上，学生在知识的获得、能力的形成、情感的体验等方面力争达到最优化的课堂教学模式．

（四）"GSP"平台辅助的专题设计价值取向

在教学设计中，以教材知识为线索，操作上可设置基本问题作递进引导、启发学生，一方面有利于解决、理解书面基本知识，高效地完成教学任务，并极大地调动学生学习的积极性，激发学生探究、解决实际问题的兴趣和欲望，使课堂教与学更富有激情，从而获得意想不到的效果．另一方面有利于多方面促使学生对知识本质的认识，对各种数学思想方法的熟练掌握，进而培养学生思维的灵活性．

二、"GSP"辅助下的专题设计的目标与内涵

《数学课程标准》的基本理念提出了："使数学教育面向全体学生，实现人人学有价值的数学；人人都能获得必需的数学；不同的人在数学上得到不同的发展．"如何发挥教师在课堂教学中的主导作用，以此带动学生发挥他们的主体作用，已成为数学课堂教学的主流．相应的传统教育、应试教育长期以来形成了一种僵化的模式：即以课本为主、以教师为主．课本怎么写，教师就怎么教，学生就怎么学，学生只是被动地接受知识，教与学之间是一种原封不动的传递关系，这就完全摒弃了学生和学生的差异性，捆死了学生个性思维的翅膀．"GSP"辅助平台下专题教学的问题设计，倡导的数学课堂教学不再是教师全盘告诉学生解决问题的思路、途径、方法，而是强调以人为本，以学生为主体的活动化教学，也就是说，全体学生都能参与对问题的探索思考，以及解决方案的设计和实施．其重要目标是让学生学会学习、学会思考和学会创造，让学生发展创新思维的能力，重视数学学习的过程，强化学生内在学习的动力，形成以学生为主体的有效学习机制．笔者从本区域多个教研组调研来看：

1. 缺乏对教学内容的整体把握

很多教研组对"专题"为研究主题的研修活动过少，教师缺少必要的专题设计方面的培训与指导；教师的根本职责在于"引路"，而不是代替学生或背着学生"走路"．在"GSP"平台下的专题学习，追求施教主动，贵在引导，妙在开窍，可以根据初中学生的数学学习特点，因势利导地把教学过程导向预定目标的教学策略，实现学习活动最优化，并着眼于学生终生学习的愿望和能

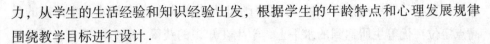
力，从学生的生活经验和知识经验出发，根据学生的年龄特点和心理发展规律围绕教学目标进行设计．

2. 问题设计碎片化

整堂课的教学内容几乎都以问题的形式出现，教学时教师频频发问，为数不多的优等生就来"和"，表面上教学顺利、气氛热烈，实质上把大多数学生放在"听众"席上．通过罗列大量例题，讲解面面俱到，"题型（零碎）＋模仿＋强化练习＋记忆"，凭借"面积大"提升知识的覆盖面，淡化对解题思路策略的成因分析，知识得不到深化整合，造成学生思维活动的"短路"，对熟悉的题型产生本能反应，对不熟悉的问题束手无策，从而导致思维定式，无法提升学生的素养与能力．近年来中考数学试题的新颖性、灵活性越来越强，不少师生把主要精力放在难度较大的综合题上，认为只有通过解决难题才能培养能力，因而相对地忽视了基础知识、基本技能、基本方法的教学．其主要表现在对知识的发生、发展过程揭示不够．教学中急急忙忙用公式或通过大量的题目来训练学生．没有充分暴露思维过程，没有发掘其内在的规律，试图通过大量地做题去"悟"出某些道理．结果是多数学生"悟"不出方法、规律，理解肤浅，记忆不牢，只会机械地模仿，思维水平低下，有时甚至生搬硬套，照葫芦画瓢，将简单问题复杂化．

3. 专题设计的意识不强

在教师的专业素养中，教学设计是较为关键的一环，数学教师能够拟出一份科学、合理又新颖的教学设计既体现了教师自身把握教材的能力和对课程标准的理解能力，也能够通过这样的教学设计带给学生清新的感受，进一步指导学生掌握和运用知识．一份好的教学设计不仅是检验教学效果好坏的一种方式，也具有引导学生如何进行学习，及时调整教学中的问题并加以修正的导向作用．借助"GSP"平台，对基础性问题进一步重组、横向或纵深的渐进式挖掘与延伸，在问题解决过程中力求对基础知识要点及基本思想、技能的有效覆盖，提升数学问题研究的能力．其目的是从整体上把握问题的思考方式，有利于形成一定的思想方法，并注重学生的整体思维能力，使知识融会贯通，达到熟练综合运用，或通过再学习，把遗忘的东西重新建立起来，把没有掌握牢固的知识补上，防止还原过程的出现．高品质的专题教学，即能帮助学生回顾并应用所学知识，又能使学生对数学知识的认知深化与提高，更是对方法的提炼与总结，数学思想的升华和思维能力的发展．

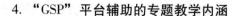

4. "GSP" 平台辅助的专题教学内涵

它是一种特殊的学习活动，是对已有知识经验的再加工（图2）.

（1）通过相关知识经验的回顾，组织（系统化），概括抽象运用和评价等活动，对学生参与的广度和深度要求更高，对学习任务专注程度的要求也更高.

（2）更具有针对性：学过的内容由于种种原因有很多基础知识的缺陷，这种针对性来自于对学情的准确把握，是建立在及时评价的基础上的.

（3）知识经验，思想策略的运用背景更复杂.

（4）目标定位：面向全体，巩固所学知识，建立有效的知识系统，形成良好的认知结构，提高发现、提出、分析、综合运用知识解决问题的能力和科学素养，形成合作、应用和创新实践能力，发展思维能力和个性品质，树立自信心.

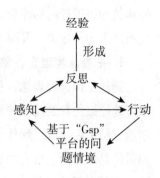

图 2

三、"GSP" 平台辅助下专题设计的数学能力获取框架构建

"GSP"平台辅助下专题设计承载着数学知识与技能、数学思想与方法、解题策略等一系列数学活动的结晶，需要建构动态的数学文本，教师需要"深入"其中，把握实质，才能"浅出"以帮助学生学好数学. 这也是教师是否对数学习题教学深度解读评判依据，它制约着教学的有效性，决定着学习的成败.

表1　中学学生数学能力克鲁切茨基结构分类表框

数学能力	能力成分
获取数学信息	对素材的感知能力；对问题结构的掌握能力
数学信息加工	B. 对数量与空间的逻辑思维能力 C. 概括数学对象、关系及运算的能力 D. 数学推理过程与相应的运算系统能力（缩短） E. 力求解答的清晰、简明 F. 数学推理中的过程的可逆性（思路的可逆与转向）
数学信息保持	G. 数学的记忆
综合组成	H. 数学气质

进行专题设计时，在数与代数中，以函数为统领，加强基本方程、不等式的联系．在图形与几何中，以圆为背景，结合直线形图形（借助"GSP"辅助平台）的相关知识进行内部综合、适当穿插图形变换，最后突出由动点引起集合图形变化而产生的函数关系等两大领域的综合．"GSP"辅助平台下专题设计基本策略：

1. 把握课程理念，熟稔专题核心知识的认知行为表征

通过把握课程理念，从整体到局部，从面到点地把握专题设计的相关要求，很好地把握住专题设计的重难点，有效地提高教学效率．如：说明学生在数学教学过程结束后应该达到什么要求，也就是指学生学习数学后所形成的可观察、可测量的具体行为，行为的表述应具有可观察的特点，并使用明确的行为动词来描述．根据各层次认知水平的特征及其学习要求，表述中所涉及的行为动词有：

（1）记忆水平的行为表征：了解，认识，感知，识别，初步体会，初步学会等．

（2）解释性理解水平的行为表征：理解，表达，解释，理解，懂得，领会，归纳，比较，推测，判断，转换，初步掌握，初步学会等．

（3）探究性理解水平的行为表征：掌握，推导，证明，研究，讨论，选择，决策，解决问题，会用，总结，设计，评价．

（4）基于"Gsp"平台的专题学习技能获取过程的光谱分析．

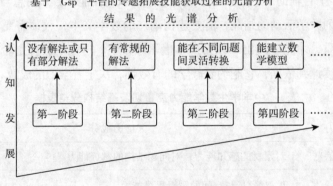

基于"Gsp"平台的专题拓展技能获取过程的光谱分析

图 3

2. 依托教材，厘清专题设计蕴含的数学思想方法

依托现行教材编写体系，初中数学内容蕴含了大量的数学思想方法，如函数与方程、数形结合、化归、分类讨论等，对于同类型习题，将其解题的思路与方法进行迁移，可以使解题难度大大降低，通过这样的训练，使学生充分利用解决比较简单的习题所用的思路和方法分析较难的习题，并逐步对这种方法

进行强化，进而形成某种比较成熟的数学思想方法，达到提高解题能力的目的．因此，厘清专题设计蕴含的知识体系，这样就能使教师们能更加准确地定位自己的教学目标和重难点了．

3. 把握专题设计的整体性和连续性，厘清知识逻辑内在的联系

深度思考专题的内容、地位与作用、拓展型专题的知识结构，内在联系及其中蕴含的思想方法、德育意识等．

（1）把握专题设计的重点和难点．以核心知识为载体决定专题的重点，以专题内容的定性和学生的发展决定教学的难点．

（2）找准知识之间的衔接点和生长点．知识之间的衔接点也就是专题教学的依托点，有了教学的依托点，我们才可以谈论教学的生长点，学生的发展点．

4. 多维度建构专题设计的知识结构体系

建构主义理论认为，数学课堂不是学生对教师所授知识的被动接受，而是以学生已经具备的知识和经验为基础的主动建构过程．多维度建构专题设计结构体系的策略为：

（1）通过学生视角研读专题核心知识内容．将静态的、缺乏生命力的知识结构转化成一种动态的、立体的、富有生命力的形式展现在学生面前；

（2）瞻前顾后．以知识结构为纬，以问题解决为经，为学生塑造良好的认知结构网络图，并丰富原有的认知结构；

（3）建构多元知识结构体系．伴随着分析问题与解决问题的各种能力的发展，知识与能力的延伸，又伴随着学生诸多思想方法、诸多非智力因素的获得．

四、"GSP"平台辅助下的专题设计与教学有效性的关系研究

有效教学是师生遵循教学活动的客观规律，以最优的速度效益促进学生在知识技能，过程与方法，情感态度与价值观上获得整合，协调，可持续的进步和发展，从而有效地实现预期的教学目标．

1. 专题教学的效度表征

（1）学生层面：具有通过努力而达到的明确目标，并能适时与目标进行对照；能对每个学习主题有一个整体的认识，以形成对于事物的整体概念框架；能够迁移、发现和提出更复杂的问题，并有进一步探究的欲望．

（2）教师层面：设计具有挑战性的教学任务，促使学生在更复杂的水平上理解；联系学生的生活实际和经验背景，帮助学生达到更复杂水平的理解．

（3）学习综合能力的获取（图4）：

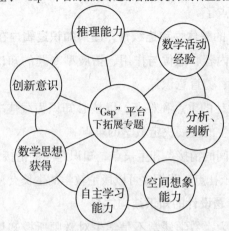

基于"Gsp"平台的拓展专题综合能力获取的转盘模型

图 4

① 夯实基础知识，重视基本技能，注重数学学科的核心与本质.

② 完整的知识结构系统和着眼于初中数学的知识结构，在梯度的设问中层层递进，拾级而上，让知识在大脑中以"系统中的知识"的面貌呈现.

③ 获得数学经验的积累和迁移：强化理解性学习，探究性学习，从"如何思""如何想"走向"自觉地思考".

④ 洞察数学问题本质：把握概念、公式、定理、性质等本质，把所学知识与能力、智力发展紧密结合.

⑤ 认知规律的获得：通过重组加工，使知识的发展过程有理、有序、有据、自然流畅，符合认知规律.

⑥ 思想方法的获得：从基本图形的研究过程中，归纳研究方向及渗透的数学思想.

⑦ 人文关怀与情感的获得：在宽松的学习环境与氛围中获得.

2. 基于"GSP"平台的问题设计的效度表征

（1）解题思路有利于把陌生的问题划归为比较熟悉的问题，即未知问题的已知化.

（2）善于从不同立场、不同角度、不同层次和不同侧面进行思考.

（3）通过寻求命题条件与结论之间的逻辑联系，在相同条件下运用不同的知识或不同的解法.

（4）引导学生思考问题的某些特殊情形，而把一般问题具体化，通过尝试发现规律，从而找到解题的突破口．

（5）问题必须根据学生实际，具有启发性，不能超出学生知识和智力的"最近发展区"．

所以，有效的专题设计能充分实现课堂教学目标，具有适当的教学策略．学生在学习过程中处于最佳投入状态．问题解决过程中有畅通的师生沟通渠道，有优化的教学环境．有效专题教学的实施，以传递数学基础知识为载体，具有培育学生的理性精神、开发学生的智力、提高学生的思维品质的良好效应．

五、"GSP"平台辅助下的专题设计的原则与特征

1. 渐进性原则

按照教学内容、教学方法和思维负荷的顺序安排，由易到难，由简到繁，逐步深化提高，使学生系统地掌握基础知识和基本技能的方法．学习过程中对数学知识的认知，由一个由简到繁，由低级到高级，由直观到抽象的循"序"过程，以期达到对其本质的认识．切忌急于求成，难点分散，层次明显，深入求解；

2. 科学性原则

问题的设计以科学思想为指导，以学生的学习能力为依据，并符合课程标准与理念．

3. 覆盖性原则

紧扣《初中数学学科基本要求》，专题设计内容能够解决一轮复习中的典型问题，补基础，提能力，解疑惑，扫除学习中的典型障碍．全员辅导和个别辅导相结合，让所有学生主动参与到数学学习中来．

4. 针对性原则

抓课本，重基础，突出知识体系，准确掌握数学基础知识．通过知识的不断深化，关注数学知识之间的关联，形成和扩充数学知识结构系统，使学生能在脑海的记忆系统中构建数学认知结构，形成一个条理化、网络化、熟练化的有机体系．

5. 效度原则

专题设计的深度略高于学生的知识水平，然而又能"跳一跳，摘果子"．同时又依据课标要求，紧扣考纲，难度适中，符合大多数学生的学习水平．既能检测教学状况，又能反映学生的实际水平．

6. 数学本源性原则

问题设计要围绕核心知识和知识的核心，不要在细枝末节上纠缠．

7. 启发性原则

专题设计应该能达到启发学生思维的目的，可以用知识联系性和思想方法类比作引导，但是不能限制学生的思维，以使学生通过解决问题串达到对所学内容理解的目标．

8. 任务驱动原则

专题设计要体现任务驱动性，能促进学生主动的、自动化的思考，大器而不琐碎，以免形成学生对老师亦步亦趋的依赖．

9. 关联性原则

问题串之间以内在的逻辑线索将之串联，这个线索就是：数学概念和思想方法的发生发展过程与学生数学思维过程两个方面的融合．

11. 引申性原则

完成专题之后要有提炼、概括、引申、发展，特别是对核心概念和数学思想的反思，以达到触类旁通的目的．

12. 因材施教原则

选择关注过程的教学内容，不求面面俱到．

13. "以学定教"原则

给学生创设成功的机会，如"一题多解"探究性内容的教学等．

14. 维度建设

在重视结果的同时更注重结果的形成过程．

15. 基础性原则

把四基作为设置专题的出发点与切入点．

16. 开放性原则

结果开放、方法开放、思路开放、体验智力活动的快乐与灵感．

六、"GSP"平台辅助下的专题设计的范式研究

（1）教学设计概要（简要阐述课的设计流程，也可以渗透教学设计流程图）．

（2）课题选择的背景（为什么挑选这个教学设计？与教材关联度的解释．通过这堂课学生将获得哪些方面的提高，包括数学思想、知识的归纳能力、计

算能力、逻辑能力等）.

（3）教学目标

① 教学内容的处理（主要解决什么问题？这些问题是怎么设计的？方式是什么？包括重难点的突破，教学的策略，需要用到的多媒体等）.

② 教学方法及教学组织形式（如研究性学习、合作与交流、操作验证等）.

③ 教学媒体的使用（几何画板、投影仪等）.

④ 教学过程的设计（有详细的解答过程）.

⑤ 教学环节（每个环节都要有设计意图）.

⑥ 板书设计.

（4）教学设计说明

① 问题设计方面，如何突破教材？教法方面的特色？隐含的思想方法与能力？

② 特征的说明；学生的主体性的充分发挥；实施的可能的效果的说明.

③ 教学的建议.

④ 其他可探讨的问题（课堂无法完成，需要课后延伸）.

七、"GSP"平台辅助下的专题设计的特征分析

1. 开放教学目标

涵盖教学内容、学生数学活动、学生与教学内容之间相互作用等多个方面.目标定位：充分尊重学生的主体地位，通过数学教学，在获取数学知识的同时，让学生主动学习自行获取数学知识的方法，学习主动参与数学实践的本领，进而获得终身受用的数学能力、创造能力和社会活动能力.在教学中，让学生能够按各自不同的目的、不同的选择、不同的能力、不同的兴趣选择不同的教学并得到发展，能力较强者能够积极参与数学活动，并有进一步的发展机会；能力较低者也能参与数学活动，完成几项特殊的任务.这个过程体现了教学目标的多元整合性，从而使学生可以全面发展.

2. 优化教学导向

数学专题在不同的理念支持下可以有不同的设计，但最主要的是能促进学生的主体参与.教师可根据教材的重点，设计出要展示的专题，让学生对专题展示的问题由浅入深地讨论思考，自己得出结论，最终找出答案，也可以根据教学的需要对教材进行改进，引导学生积极"参与"，最后获得认同.（如

"GSP"辅助下的以基本图形为基架的动点问题研究)

3. 展开方式多样

有计划、有目的地训练学生的逻辑思维能力，实现知识迁移，可设置旧知识的问题链，让学生在参与学习中，既巩固旧知识，又获取新知识，教师还要根据学生的可接受性，适时地将生活中的热点、焦点问题引进课堂教学，让学生在拓宽知识面的同时，综合理解并学会运用课本知识去探索实际事物，从而培养和提高学生理论联系实际的能力．

4. 提供学生"提问题"的机会

学起于思，源于疑．在专题教学中，提问题是学生学习的一种重要手段，也是学生创造性思维萌芽获得发展的前提．在教学过程中，充分利用专题教学的各个环节，围绕教学重点，根据学生实际，为学生提供"提问题"的机会，让学生随时都可以提问．

如多边形外角和的教学：在概念的形成过程中，首先引出什么是多边形的外角及多边形的外角和．多边形的外角和是指选取多边形的每个内角所产生的其中一个外角，再把它们相加得到了所有外角角度的总和．通过探究活动，教师设计了以下几个问题来引导和启发学生积极参与到教学活动中．

教学实录：

首先教师在黑板上展示五边形：

问题1：五边形的内角和等于多少？

生：540°．

问题2：五边形每个内角与其中一个外角的角度总和是多少？

通过观察，生：五边形有五个顶点，每个顶点内角与一个外角之和是180°，故五边形的内角与外角的角度总和为 $5 \times 180° = 900°$，很快，学生总结出五边形的外角和为360°．

师：如果是 n 边形，能否按同样的方法，求出其外角和呢？

很快，学生经过讨论，归纳 n 边形的外角和的计算式：角度总和 - 内角和 = 外角和，即 $180° \cdot n - (n-2) \cdot 180° = 360°$．

教师通过设计问题，引导学生参与师生对话，由特殊到一般，通过探究五边形的外角和，形成问题的解决经验，再将经验进一步迁移，得到求 n 边形外角和的一般方法，即角度总和减去内角和，从而得到 n 边形的外角和为360°．学生在探讨问题的过程中，逐渐深入地参与到生成性的课堂教学活动中．

课堂教学的概念发生、形成似乎是圆满的，但课堂上学生的质疑与困惑会在不经意中发生，正当教师准备通过例题来巩固概念时，有同学提出了他的疑惑：这个多边形的内角和是否也是360°？怎么算？（图5）

由课堂讨论展开一系列教学活动，并形成观点：外角就是"拐弯角""行进方向改变角"，任何封闭形状总拐角（外角和），应该为360度。对于任意多边形，从某一点出发，如果是逆时针方向走一周，如果在角的顶点处转弯也是逆时针方向转，则转角（外角）度数为正，否则为负。这样，走一周正好转了360度（"GSP"辅助释疑）。

图 5

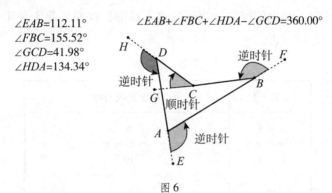

图 6

5. 以探究为主线

探究源于问题，没有问题便没有探究．基于问题的专题教学是教学实践者广泛参与研究和应用的教学模式．

充分挖掘数学问题的探究功能，不仅有利于全面发挥学生的潜能，发展学生的综合智力素质，还能促进学生在共同合作，共同探究中自主发展，从而提高学生解决问题的策略和能力，实践新课程理念下"人人获得必需的教学，不同的人在数学上有不同的发展"的目的．例如，在一堂数学课上，我提出如下问题：

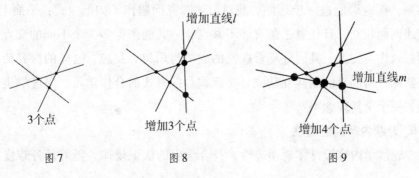

图 7 图 8 图 9

探究（1）：平面上有 4 个点，这些点任意三点不共线，能连成多少条不同的直线？此问题虽然是平面几何中的基础问题，但它具有较强的抽象性和逻辑性，需要较强的概括思维能力，也具有较强的探究性，能激发学生的探究兴趣．通过操作实验，很多学生得到了自己的结论．为了进一步激发学生的想象力，让学生的探究潜能进一步延伸，我再提出：

探究（2）：当平面上有 5 个点时（任意三点不共线），能画出多少条直线？（几何画板演示，感知变量线增加与点增加的依赖关系）

探究（3）：当平面上有 n（$n > 2$）个点时（任意三点不共线），能画出多少条不同的直线？探究（3）是巩固和扩大知识，同时也是吸收内化知识为能力的过程，此时，学生的探究欲望逐步进入高潮，探究成果十分丰硕，有学生通过类比联想发现下表：

表 2　类比表

点的个数	可作直线条数
$n = 4$	6
$n = 5$	10
…	…
n	$\dfrac{n(n-1)}{2}$

为了使不同层次的学生在相应的学习层次上达到参与的最大投入量，我进一步提出：探究（4）：平面上任意三点不共线的 n（$n > 2$）个点，可画出多少个不同的三角形？课堂上气氛热烈，同学间、师生间在合作交流中留连忘返，融会在一种求索的意境中．当学生的思维已从"经验型"向"理论型"转变，思维的组织性和深刻性不断加强，一些优秀的学生更渴望对知识形成一个完整的体系，探究潜能进一步延伸．我对上述探究问题作了如下变式：平面上有 n 条直线两两相交，且任意三条直线不共点，一共能产生多少个不同的交点？师生通过合作与交流，共同分享着探究的成功与乐趣．我想，这样的探究活动不正是新课程所倡导的创建互动式、交流式、探究式的合作学习，促进学生自主发展的一个全新理念吗？

6. 专题内容的递进性

专题教学内容设计体现递进性，符合学生的认识规律．随着任务难度的增加，动机最佳水平呈下降趋势．知识的呈现顺序和概念的分析本来就可以有一定的递进性，能够降低教学的难度设问：如：

（1）这些题目的研究对象是什么？

（2）对于这样的题型，研究方法是什么？

（3）如何找到解题切入点？

（4）解题过程中需关注什么问题？

（5）还能解决什么样的问题？

7. 强化数学思想方法

初中数学内容蕴含了大量的数学思想方法，如函数与方程、数形结合、化归、分类讨论等，对于同类型习题，将其解题的思路与方法进行迁移，可以使解题难度大大降低．通过这样的专题训练，使学生充分利用解决比较简单的习题所用的思路和方法分析较难的习题，并逐步对这种方法进行强化，进而形成某种比较成熟的数学思想方法，达到提高解题能力的目的．

如课本例题的安排，主要是强化和应用当前所学知识，知识点方面有时显得单调．为了训练和培养学生运用知识解决综合问题的能力，对课本例题在课堂中进行变式训练是十分必要和有效的，在变式训练中，学生可以放开手脚自己去想象、琢磨，有机会从多角度，多侧面，多层次，多结论等方面去认知知识，从而实现了知识的整合．同时，学生的创造性思维也会得到发展，思维活动的质量也会得到提高，实现了学生思维的拓展与延伸．

课本中的一些例题，看似平常，提出的问题也比较明确具体，但在教学中仔细分析会发现，有的例题有着十分丰富的内涵，在例题的背后还有一片广阔的天地，例题中蕴含着很多值得我们去挖掘、探索的问题．对课本有限的例题进行充分的挖掘，把例题进行适当地改造或者适当地延伸，这是探究性例题教学中值得认真研究和解决的问题．

案例：新教材八年级数学第二学期 P84 例 3：

如图 10 所示，已知菱形 $ABCD$ 中，$\angle B = 60°$，点 E，F 分别在边 BC，CD 上，且 $\angle EAF = 60°$．

求证：$AE = AF$.

教材安排这个例题的目的主要是巩固菱形的性质的应用，学生做起来并不是十分困难，只要连接 AC，通过证明 $\triangle ABE$ 和 $\triangle ACF$ 全等就可以解决问题了．就这样

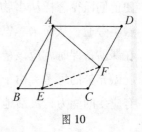

图 10

一道例题，我们可以做进一步的挖掘，我在实际课堂教学中，解答完本题之后，利用"GSP"辅助平台做了适当的改编和延伸：如图 11 所示，在菱形 $ABCD$ 中，$\angle B = 60°$，将一把三角尺的60°角顶点放在 A 点，以 A 点为旋转中心，旋转这把三角尺，使得这个角的两边分别与 BC，CD 相交于 E，F 两点：

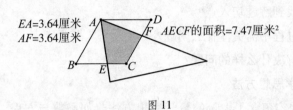

图 11

（1）请同学们自己画出一个符合题意的图形．

（2）连接 EF，动感体验在三角板转动过程中度量线段 AE，AF 的长度，判断△AEF 的形状并说明理由．

（3）在整个旋转的过程中，四边形 $AECF$ 的面积有没有发生变化？请说明理由．

本例题题设和结论固定，学生也相对习惯于这种模式，主要涉及菱形的性质以及三角形全等的有关知识．如果能进一步做变式训练，学生的各方面能力将有望得到提高，知识点得以整合．首先，第（1）题，学生自己作图，学生的审题能力、动手操作能力得到训练和提高；其次，第（2）题，借助"GSP"平台演示判断三角形的形状，整合了等边三角形的判定方法这个知识点；再次，第（3）题，借助"GSP"平台演示面积不发生变化又渗透了割补的思想方法，也能帮助学生理解事物"动中有静，变中有不变"的本质；最后，变式中还整合了图形的旋转这个知识点．新、老教材一个明显的不同之处在于：新教材将图形的运动作为一个专门的章节来讲述．图形的运动，应该说是新教材的一个特色，在我们平时的教学当中，适时的穿插图形的运动也是十分有必要的．

通过变式训练实现知识的整合，可使学生学会掌握事物的本质特征的方法，使他们懂得怎样从事物的千变万化的复杂现象中去抓住本质，达到举一反三，触类旁通，从而培养思维的深刻性和灵活性．为了达到变式训练的目的，教师在课前备课时就应该精心准备好变式题目，并对各个题目的解答可能出现的情况做充分的思考，由于学生的思路不一定按教师的预设走，所以，教师必须要有应变的能力，灵活地驾驭课堂，否则，变式训练就可能达不到应有的效果．

8. 问题开放、思维发散

解决专题问题的目的在于巩固探究所获得的知识，反馈教学效果，进一步完善知识体系，发散学生的思维，提高学生分析问题、解决问题并不断发现、提出新问题的能力，此环节的运用应侧重于开展变式开放训练，防止一味地机械模仿，使训练的思维层次具有合适的梯度，并向学生提供各种给出问题条件的机会。改变单一的就题论题，引导学生挖掘每道例题的实质，或将问题的条件、结论进行变换，或将问题的答案开放，或将问题解决的方法开放，甚至将问题本身开放，把一个数学问题变化出许多新的问题，通过学生的再思考、再创造，逐步增加创造性因素，提高训练的效率。

教材是教学的依托，在深入钻研教材的基础上，教师要从实际出发，创造性地使用教材，在教学中作必要的调整和补充，广泛拓展题目的辐射面。若问题解决过程只注重学生探究而不分重点，照本宣科，势必步入"误区"。如：八年级第一册 P71 例题 11. 已知：D 是 BC 上一点，$BD = CD$，$\angle 1 = \angle 2$，求证：$AB = AC$. 教师直接出示问题，然后小组合作交流，最后共同分享成果。由于问题起点较高，很大一部分学生产生了思维的障碍，更谈不上思维的求变。课堂教学改革要求教师成为课堂教学的主导者，要在"导"字上下功夫，在学生已有的基础知识上，引导学生积极开展思维活动，激发学生的求知欲与学习兴趣。一位充分利用教材的老师处理这部分内容时用了这样的铺设：

提出问题：什么是等腰三角形的三线合一？对于一个三角形有无两线合一的可能性？学生在活动过程中，能比较轻松地解决两种比较简单的情况：

（1）由高与中线重合，证明原三角形是一个等腰三角形，则必然三线合一。

（2）由角平分线与高重合，证明原三角形是一个等腰三角形，则必然三线合一。

第三种情况，由角平分线与中线重合，能否证明原三角形是一个等腰三角形？这个问题引发了学生的思考。借助几何画板辅助平台，作出 $\triangle ABC$ 的中线 AD 和角平分线 AE，拖动点 A，AD 和 AE 处于变化之中，当 AD 与 AE 重合时，利用度量工具，度量 AB 与 AC 的长度，使学生信服：$AB = AC$. 最后引导学生论证。这位老师在教

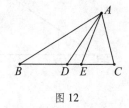

图 12

学中不失时机地加强了研究性思维的训练，帮助学生解决"是什么""为什么""进而发展什么"。把分散的彼此不连贯的思维片段连接在一条思维链上，学生的探究潜能得到发展。

八、"GSP"平台辅助下的专题设计类别

（一）按知识点递进的专题拓展

通过设计层层递进的问题串，让学生在问题的解答中暴露思维过程，并以课本例题为生长点，以不同层次的学生的发展为本，围绕数学核心知识，既遵循学生的认知水平，又重视基础知识的巩固及学习能力的发展，以"人人都能获得良好的数学教育，不同的人在数学上得到不同的发展"的新课程基本理念为指导，从一题多问、一图多用两个方面探索分层递进式习题的设计．其本质为立足于基本图形，可借助动态演示操作，酝酿与构建相关位置、形状及大小关系，从不同角度、不同方向考查初中数学核心知识思想方法，以及思维的深度和广度；提出问题明确、简洁而具体，并注意审视其中考查的相关知识的完整性、自然性及简洁性．要注意所考查知识体系中的架构，思维品质及相关思维特征的层次性及递进性．

如：已知 Rt$\triangle ABC$ 中，$\angle ACB = 90°$，$BC = 3$，$AC = 4$，D 为 AB 边上一点，设 $BD = x$.

探究：过 D 作 AB 的垂线交 AC 边于点 E（图13）.

（1）若 $AD = 2$，则 $AE = ?$

（2）设 $CE = y$，写出 y 与 x 的函数解析式，并写出自变量 x 的取值范围；

（3）以 D 为圆心，BD 为半径作圆⊙D，当 x 取何值时，⊙D 与直线 AC 相交、相切、相离？

（4）存在以 CE 为半径的⊙E，当 x 取何值时，⊙E 与⊙D 相切？

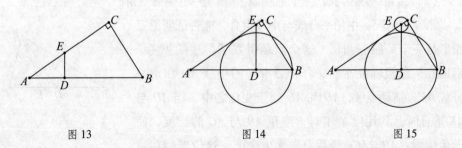

图13　　　　　　　　图14　　　　　　　　图15

说明：这里将一个已有的问题（以下称为起点问题）进行系列改编形成一组题或一个题链，这样的题链不是简单的重复训练，有明确的考查目标，有利于多方面促使不同层次的学生对知识本质的认识，有利于对各种数学思想方法

的熟练掌握，满足了各类学生的多元学习需求，使不同的学生在数学上有不同的发展．

（二）变式类专题拓展

有目的、有计划地对命题进行合理的转化．通过"GSP"辅助下的图形动态设置，从不同角度、不同的侧面、不同的背景多个方面变更所提供的数学对象或数学问题的呈现形式，使事物的非本质特征发生变化而本质特征保持不变的专题形式．初中数学变式类拓展，对提高学生的思维能力、应变能力大有益处．变式类拓展在教学过程中不仅是对基础知识、基本技能和思维的训练，而且也是有效实现初中数学新课程三维教学目标的重要途径．

如图 16 所示，已知：点 F 为圆 O 内一点，过点 F 作圆 O 的两条弦 AB，CD，且 $\angle AFO = \angle DFO$．

求证：

（1）$AB = CD$．

（2）$\overparen{AC} = \overparen{BD}$．

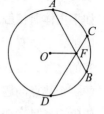

图 16

问题解决后，为了防止学生就题论题满足于一个问题的解决，思维停留于表象，而不能把握问题的本质，教师依次设计如下问题．变式 1：将例题中条件和结论互换，命题是否为真？即已知点 F 为圆 O 内一点，过点 F 作⊙O 的两条弦 AB，CD，$AB = CD$，求证：$\angle AFO = \angle DFO$（学生探索发现）．

变式 2：若点 F 为⊙O 上一点，过 F 作⊙O 的弦 FA，FD 如图 17 所示，若 $\angle AFO = \angle DFO$，求证：$AF = DF$（学生探索发现）．

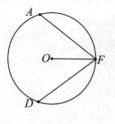

图 17

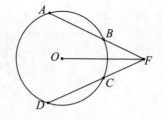

图 18

变式 3：如图 18 所示，若点 F 为⊙O 外一点，过 F 作两条射线分别交⊙O 于点 A，B，C，D，若 $\angle AFO = \angle DFO$，求证：$AB = CD$（学生探索发现）．

说明：本例主要涉及圆心角、弧、弦、弦心距之间关系的应用，在"GSP"

平台辅助下做了适当的图形变式以后，引导学生灵活创新地运用定理、推论解决问题．以一题为载体，通过变换条件透过现象抓住本质，使学生达到"解一题，会一类"的目的，既避免了数学教学中的"题海战术"，又提高了学生认识数学的水平，强化了综合运用能力．

（三）解题方法类专题拓展（如一题多解、多题一解、构造全等、相似形等）

通过解题方法类拓展，启发和引导学生从不同角度、不同思路，运用不同的方法和不同的运算过程解答数学问题，可以由多种途径获得同一数学问题的最终结论，它属于解题的策略问题．心理学研究表明，在解决问题的过程中，如果主体所接触到的不是标准的模式化了的问题，那么，就需要进行创造性的思维，需要有一种解题策略，所以解题方法类拓展策略的产生及其正确性被证实的过程，常常被视为创造的过程或解决问题的过程．求点的坐标是中考 24 题的一个热点问题，同时也是大部分学生为之困惑的一类题目，基于这两个主要原因，通过"GSP"平台辅助可设计一节关于求动点的坐标问题的专题拓展课，提炼出求一个点的坐标常用的通法：代数法和几何法．代数法是利用解析式确定一些特殊点的坐标，几何法是将求点的坐标转化为求线段长的问题．

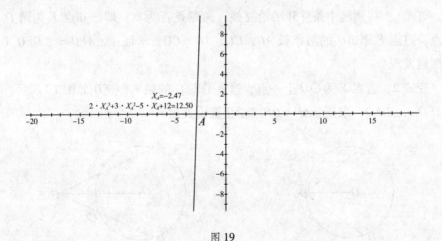

图 19

如因式分解 $2x^3 + 3x^2 - 5x + 12$，设 $f(x) = 2x^3 + 3x^2 - 5x + 12$，难以发现 $f(x) = 0$ 时 x 的值．借助"GSP"画出图像，观察图像与轴的交点 $(-3, 0)$，该多项式含因式 $(x+3)$，验证 $f(x)$ 能被 $(x+3)$ 整除，得 $f(x) = (x+3)(2x^2 - 3x + 4)$．

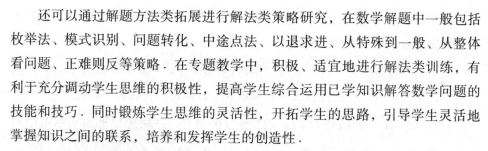

还可以通过解题方法类拓展进行解法类策略研究，在数学解题中一般包括枚举法、模式识别、问题转化、中途点法、以退求进、从特殊到一般、从整体看问题、正难则反等策略．在专题教学中，积极、适宜地进行解法类训练，有利于充分调动学生思维的积极性，提高学生综合运用已学知识解答数学问题的技能和技巧．同时锻炼学生思维的灵活性，开拓学生的思路，引导学生灵活地掌握知识之间的联系，培养和发挥学生的创造性．

（四）数学思想专题拓展

数学思想是人们对数学理论和内容的本质的认识，数学方法是数学思想的具体化形式，实际上两者的本质是相同的，差别只是站在不同的角度看问题．通常混称为"数学思想方法"．常见的数学四大思想为：函数与方程、转化与化归、分类讨论、数形结合．数学思想又是人们对数学知识的本质认识，是从某些具体的数学内容和对数学的认识过程中提炼升华的数学观点，它在认识活动中被反复运用，带有普遍的指导意义，是建立数学和用数学解决问题的指导思想．

数学方法是在数学思想的指导下，为数学思维活动提供具体的实施手段，是数学地提出问题、解决问题过程中所采用的各种方式、手段、途径等．

如：旋转变换专题设计，此类研究性问题在初中教材中不多，可选用学生感到棘手的内容在专题复习拓展中的实践尝试．如操作上通过"GSP"几何画板辅助平台，探索正三角形、正方形、正五边形中交角等于120°、90°和72°的两条直线与正多边形所交的四个点所围成的四边形的形状，进而体会解决旋转变换问题的一般方法，最后进行命题的推广延伸．这里通过对正三角形、正方形、正五边形中，以中心角两边所形成的两条直线与正多边形边长的交点所形成的四边形形状的探究，进一步体验图形在旋转变换中的本质特征．感悟变换图形在特殊位置与一般位置变换过程中蕴含的由特殊到一般，转化，分类等数学思想．通过"GSP"几何画板辅助平台的操作演示，在引导激励学生自己探究学习活动的基础上，落实对图形运动旋转变换本质属性的理解．在运动变化过程中，以交点的特殊位置或特殊时刻为突破口，引导学生探究图形在运动旋转变换过程中是否保留或具有某种性质，并将问题划归为静止状态，通过操作、探索、猜想、归纳等一系列的手段获得问题的解决．

又如，数与形是教学中的两种表现形式，数是形的深刻描述，而形是数的直观表现．如借助坐标系可以将有序数对与点，函数图像与曲线有机地联系起来．在 "GSP" 平台辅助下可以把抽象的数转化为直观的形，或把复杂的形转化为具体的数，从而避免繁琐计算，简捷解题。

例： 当 x 为何值时，代数式 $\sqrt{x^2+10x+26}+\sqrt{x^2-6x+25}$ 有最小值，并求出这个最小值．分析：此代数式一看很难入手，但我们若能将它转化为

$\sqrt{(x+5)^2+(0-1)^2}+\sqrt{(x-3)^2+(0-4)^2}$，并联想到平面坐标系中两点间的距离公式，发现代数式 $\sqrt{(x+5)^2+(0-1)^2}+\sqrt{(x-3)^2+(0-4)^2}$ 的几何意义就是 x 轴上的点 $N(x,0)$ 到两定点 $A(-5,1)$，$B(3,4)$ 的距离之和，原问题转化为在 x 轴上求一点，使得这一点到直线外的两定点的距离之和最短（"GSP" 作图跟进：点 A，A' 关于 x 轴对称，拖动点 N，度量线段 AN，BN 的长度，感知动点 N 的位置）？我们只要作出点 A 关于 x 轴的对称点 A'（-5，-1），则 $A'B$ 与 x 轴的交点即为 N 点，线段 $A'B$ 的长度就是所要求得的最小值．

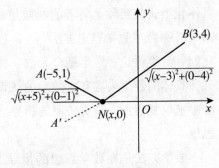

图 20

解：设平面上有点 $A(-5,1)$，$B(3,4)$．

点 A 关于 x 轴的对称点为点 A'（-5，-1）．

设点 $N(x,0)$，

$AN=\sqrt{(x+5)^2+(0-1)^2}=\sqrt{x^2+10x+26}$，

$BN=\sqrt{(x-3)^2+(0-4)^2}=\sqrt{x^2-6x+25}$．

当点 N 在直线 $A'B$ 上时，$AN+BN$ 最小，

直线 $A'B$ 解析式：$y=\dfrac{5}{8}x+\dfrac{17}{8}$．

当 $y=0$ 时，$x=-\dfrac{17}{5}$，即当 $x=-\dfrac{17}{5}$ 时，$\sqrt{x^2+10x+26}+\sqrt{x^2-6x+25}$ 有最小值，最小值为 $\sqrt{(-5-3)^2+(-1-4)^2}=\sqrt{89}$．

本题的解答，就是根据题中 "式" 的结构特征，借助 "GSP" 辅助构造出与之相应的图形，并利用图形的特征、规律来解决问题，抽象转化为直观，暴露问题的内在联系．

（五）以基本图形为基架的专题拓展

"GSP"平台辅助下，引导学生运用已有的知识经验，将不熟悉的问题与熟悉的问题进行类比，并善于将教学内容"生长"，通过"新""旧"知识的相互作用丰富或调整认识结构，顺利进行知识构建，通过变化对象的非本质属性，增强对数学知识的典型运用和迁移运用能力，丰富对数学基本思想方法体会，提高对问题结构信息的识别能力和数学知识的合理选择能力．

如：由基本图形（等腰三角形）为切入口，通过设置腰上动点，展开动线段与图形中其他元素之间依赖关系的研究，在动点位置的变化过程中寻求函数与方程、函数与几何、函数与解三角形的联系．

1. 分析基本图形

问题1：如图21所示，已知：$\triangle ABC$ 中，$AB = AC = 5$，$BC = 8$.

你能获得哪些信息（如：$\triangle ABC$ 的周长和面积，锐角 B，C 的三角比的值等）？

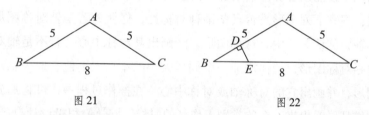

图21   图22

2. 设置动点，引导探究

问题2：已知 $\triangle ABC$ 中，$AB = AC = 5$，$BC = 8$，点 D 是 AB 上的一点，过 D 作 AB 的垂线交 BC 边于点 E，设 $BD = x$.

探究一：

（1）用含 x 的式子表示 DE，BE 等线段的长．

（2）用含 x 的式子表示四边形 $ADEC$ 的周长和面积．

3. 添加元素，延伸探究

问题3：如图23所示，已知：$\triangle ABC$ 中，$AB = AC = 5$，$BC = 8$，点 D 是 AB 上的一点，过 D 作 AB 的垂线交 BC 边于点 E，连接 AE，在点 D 的变化过程中，设 $BD = x$.

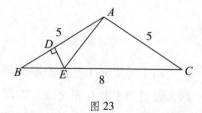

图23

191

探究二：

（1）AE 的长用 x 的式子表示．

（2）当 $AE \perp AC$ 时，求 x 的值．

（3）当 x 为何值时，以点 B，D，E 为顶点的三角形与以点 A，D，E 为顶点的三角形相似？（判定）

（4）当 $\triangle ACE$ 为等腰三角形时，求 x 的值．（性质）

（六）开放性命题的专题拓展

开放性命题结构的组织形式：答案不固定或者条件不完备；条件多余需选择、条件不足需补充或答案不固定；有多种正确答案．其特点是结论开放，注重考查学生的猜想、探究能力；便于与其他知识相联系，解题灵活多变，能够考查学生分析问题和解决问题的能力；其中所含的数学思想和方法丰富，有数形结合，方程的思想及数学建模、函数的思想，分类讨论的思想方法等．这类问题给予学生以自己喜欢的方式解答问题的机会，在解题过程中，学生可以把自己的知识、技能以各种方式结合，去发现新的思想方法；如：

案例：观察下列图形是否具备某种对称性，你认为若是轴对称图形，请画出其对称轴，你认为是中心对称图形，请画出其对称中心．若不是轴对称图形又不是中心对称图形，请你添加一个同样大小的小正方形使它成为轴对称或中心对称图形，并画出它的对称轴或对称中心．在操作过程中，可将最先设计好的学生的作品展示出来，在欣赏别人作品的时候，同学们积极设计自己的作品，随着展示的作品越来越多，学生的思维链打开，解题思维五彩纷呈，如图 12 所示（这里简单例举一些学生的作品）：

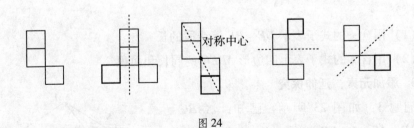

图 24

由于学生对于对称图形的理解程度不同，但基本都能得到一、二种对称图形，通过动手及互相交流，加深了他们对对称图形的深刻认识，通过小组合作大家共同分享和发现成功的快乐，共享彼此资源．教师再通过一些好、中、差的作品的观察与讨论，引导学生进一步改善自己的作品，使其更具高质量、多类别.

（七）与图形运动有关的专题拓展

常见的图形运动有三种：平移、旋转和翻折是几何变换中的三种基本变换.通过"GSP"平台的辅助，引导学生观察运动变化问题正是利用变化图形的位置，引起条件或结论的改变，或者把分散的条件集中，以利于解题.这类专题的设计注重培养学生用动态的观点去看待问题，有利于学生空间想象能力和动手操作能力的锻炼，这类问题的解题关键在于如何"静中取动"或"动中求静".对给定的图形（或其一部分）施行某种位置变化，然后在新的图形中分析有关图形之间的关系.

通过此类动态性专题设计，引导学生动手操作、探究发现、归纳总结，可以借助几何画板的操作演示，在引导激励学生自己探究学习活动的基础上，落实对动点问题本质属性的理解.在点的运动变化过程中，以轨迹交点的特殊位置或特殊时刻为突破口，引导学生探究图形在动点的变化过程中是否保留或具有某种性质？并将问题划归为静止状态，通过操作、探索、猜想、归纳等一系列的手段获得问题的解决，体现了注重"过程与方法"的设计理念，提炼了数学思想方法.如：

已知：Rt$\triangle ABC$ 中，$\angle ACB = 90°$，$BC = 3$，$AC = 4$，D 为 AB 边上一点.

探究：若以 BD 为半径的 $\odot B$ 的交射线 BC 于点 E，射线 DE 与射线 AC 交于点 F.

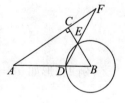

图 25

1. $\angle CFE$ 的大小有无变化？若不变，求 $\tan \angle CFE$ 的值.

2. 若点 E 在 BC 边上.

（1）用 x 的式子表示 CF.

（2）连接 BF，若 $\triangle ADF$ 与 $\triangle BEF$ 相似，求此时 BD 的长.

3. 若 $CF = 2$，求此时 $\dfrac{EF}{ED}$ 的值.

拖动动点 D 时，发现题设中母动点 D 出现在线段 AB 上，而子动点 E 却出现在射线 BC 上，由此出现了两种不同的图形结构状态，但图形的某些状态不变，当图形动起来以后，有的量在变，有的不变，尽管数量关系在变，但依赖关系不变，这就需要用函数的观点去分析．这样的"问题"设计，学生在自觉、主动、深层次的参与过程中，进行发现、理解、创造与应用，提炼了数学的思想方法．

（八）以蕴含的基本图形为依托途径专题拓展

利用对典型数学问题中的基本问题为导线，活化问题资源，全面拉动分析思维结构．改编教材中的通性问题，融入学生的复习需求和教师的复习指向，让学生在似曾相识的层面复习，比"剩饭重炒"更具吸引力，更加凸显出分析思维的全面性和结构性．

如例 1：等腰三角形基本问题研究部分（图 26）．

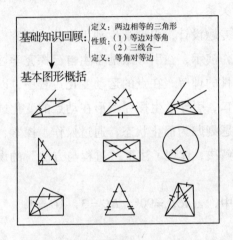

图 26

例 2：形如 $a^2 = b \cdot c$ 结论的基本图形框架（图 27）．

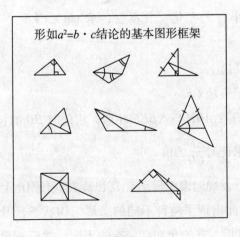

图 27

"GSP"辅助下的基本图形的铺垫是解决问题的前提，也是思维活动得以有效开展的先行组织者，为后续活动的顺利开展提供了智力支撑和思维帮助．其本质：让学生学程着陆，思维水平垂直攀高，实现知识经验的内迁移．通过基本图形的提炼，切身理解知识的来龙去脉，从"变"的现象中发现"不变"的本质，从"不变"的本质中探索出"变"的规律，优化思维品质，挖掘学生思维潜力．

"GSP"平台下拓展型问题专题教学设计①

定三角形基架下的动点问题

一、设置基本图形

如图 1 所示，已知 $\triangle ABC$ 中，$\angle ABC = 60°$，$AB = 10$，$AC = 16$.

求：（1）BC 的长.

（2）$\triangle ABC$ 的面积.

（3）$\angle C$ 的正弦值.

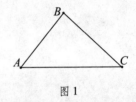

图 1

"GSP"习题编制辅助平台：

1. 作线段 AC.

2. 选中点 A，并选择【标记中心】. 选中点 C，在【变换】菜单中选择【缩放】命令.

3. 在【缩放】对话框输入比值 $\dfrac{5}{8}$，在线段 AC 上弹出一个点，标签为 C'.

4. 在【变换】菜单中选择【旋转】命令，在【旋转】对话框内输入角度 $60°$，得点 C' 关于点 A 逆时针旋转 $60°$ 后的点，标签为点 B.

5. 依次选中点 A，B，C，选择【构造】／【线段】，则定三角形 $\triangle ABC$ 满足题设.

设计思路：

（1）这里的设计以定三角形作为基本背景图形，基本背景图形设置在后续问题设计与解题中都会起十分重要的作用，它是问题设计的基架. 在后续动点

---

① 张忠华. 初中数学总复习教学中拓展型问题的设计与思考［J］. 上海中学数学，2015（4）.

问题的设置中，基本背景图形中的等量关系不变，利用三角比、相似等几何性质建立代数方程过程中，往往依赖于这些等量关系.

（2）从解题对象层面考虑，由学生比较熟悉的基本图形（已知三角形边角边）入手，设计时想通过动点设置，逐步深入到函数与方程的探究，通过线段与线段之间的函数关系发展到线段与形（周长与面积等）之间的函数关系，再逐步深入到形与形之间的函数关系.

二、动点的设置（函数问题的研究）

条件：如图 2 所示，已知 $\triangle ABC$ 中，$\angle BAC = 60°$，$AB = 10$，$AC = 16$，设点 D 为 AC 边上一点，以 A 为圆心，AD 为半径的圆弧交 AB 边于点 P，连接 DP.

1. 选中线段 AC，选择【构造】／【线段上的点】，标签为点 D.

2. 选中点 A，并选择【标记中心】，选中点 D，在【变换】菜单中选择【旋转】命令，在【旋转】对话框内输入角度 60°，得点 D 关于点 A 逆时针旋转 60° 后的点，标签为点 P.

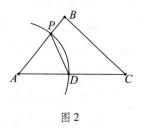

图 2

3. 【构造】线段 DP，线段 AD.

4. 【度量】线段 AD 的长度. 选中点 B，C，D，P，选择【构造】／【四边形】内部，并选择【度量】／【面积】，界面上弹出 AD 长度数据框及四边形 $BCDP$ 面积数据框.

5. 依次选中线段 AD 长度数据框及四边形 $BCDP$ 面积数据框，在【绘图】菜单中选择【绘制点 (x, y)】，此时，"GSP"界面弹出坐标平面及一个点，标签为点 D'.

6. 依次选中点 D，D'，选择【构造】／【轨迹】，坐标平面上弹出变量 AD 长度与变量四边形 $BCDP$ 面积的函数关系图像，如图 3 所示.

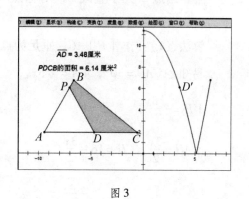

图 3

拖动点 D，可研究这两个变量之间的依赖关系. 当点 P 在线段 AB 上时，为二次函数．当点 P 在线段 AB 延长线上时，为一次函数．同理，可研究变量 AD 的长与变量 D 到 BC 距离之间的依赖关系等．

探究：

（1）设 $AD=x$，用 x 的式子表示 BP 的长、四边形 $CBPD$ 的面积与周长．

（2）点 D 到 BC 的距离为 y，求 y 与 x 的函数关系式．

（3）…

7. 选中线段 DP，并选择【标记镜面】，选中点 A，在【变换】菜单中选择【反射】命令，得点 A 关于直线 DP 的对称点，标签为点 A'，拖动点 D，观察点 A' 的位置变化，当点 A' 正好落在线段 BC 上时，可探索点 D 的位置．

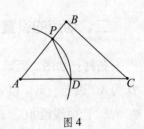

图 4

同理，连接 CP，BD，拖动点 D，可探究当 $CP\perp AB$ 或 $\triangle CPD$ 与 $\triangle PDB$ 相似时，点 D 的位置．

特殊位置情形设置：

情形（1）：连接 CP，当 $CP\perp AB$ 时，求 AD 的长．

情形（2）：连接 CP，BD，若 $\triangle CPD$ 与 $\triangle PDB$ 相似，求 AD 的长．

解：若 $\triangle CPD$ 与 $\triangle PDB$ 相似时，

有 $\dfrac{10-x}{x}=\dfrac{x}{16-x}$ 或 $\dfrac{10-x}{x}=\dfrac{16-x}{x}$（无解），解得 $x=\dfrac{18}{13}$．

情形（3）：点 A 关于直线 DP 的对称点 A' 在 BC 上时，求 AD 的长．

解：当点 A 关于直线 DP 对称点 A' 在 BC 上时，

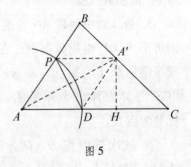

图 5

解法（1）：作 $A'H\perp AC$，垂足为点 H，

易知 $\angle A'AC=30°$，$A'A=\sqrt{3}x$，

$A'H=\dfrac{\sqrt{3}x}{2}$，

$\therefore AH=\dfrac{3x}{2}$，$CH=16-\dfrac{3x}{2}$．

由 $\tan\angle C=\dfrac{\sqrt{3}}{11}$，得 $\dfrac{\dfrac{\sqrt{3}x}{2}}{16-\dfrac{3x}{2}}=\dfrac{5\sqrt{3}}{11}$，解得 $x=\dfrac{80}{13}$．

解法（2）：连接 PA'，$A'D$，得四边形 $ADA'P$ 是菱形，

$\therefore PA' /\!/ AC$，

$\therefore \dfrac{BP}{BA} = \dfrac{PA'}{AC}$，即 $\dfrac{10-x}{10} = \dfrac{x}{16}$，

解得 $x = \dfrac{80}{13}$．

设计思路：

（1）借助基本图形中的关系，在三角形一边上设置动点（其实动点设置在哪一边不影响问题的实质），展开了函数问题的研究．当动点处于特殊位置时（这里赋予了不同的几何关系），展开了方程问题的研究，体验动点问题中往往需要对图形形成过程的一般情况（函数关系）和特殊情况（方程）分别进行研究；

（2）此题设计时加强了函数的应用，当点动起来以后，有的在变，有的不变，尽管数量关系在变，但依赖关系不变，需要用函数的观点去分析．利用"GSP"平台，当点 D 在动起来时，能挖掘到 $\triangle ADP$ 的形状不变，为等边三角形，对于动点变化过程中不变量的观察，正是学生在数学解题中需要培养的能力之一．

（3）利用几何关系计算变量的特定值，体现了函数与方程的联系．利用"GSP"平台，通过一串问题链的设计，利用不同的几何关系，可将教学中的探究活动逐步深入．这里，线段之间的位置关系、相似、等腰三角形的几何知识仅仅是一个平台，主要是将函数问题方程化，让解题对象感知函数与方程之间紧密的联系．通过一系列问题串的解决，进一步体验数形结合在解决数学问题中的作用．在点的运动过程中，出现了许多特殊美丽的瞬间，把特殊的数量关系方程化．

图形结构变式，添加元素：

拖动点 D，可观察到点 P 落在 AB 边上或 AB 的延长线上两种不同的位置状态，当 BP 的长度确定，则点 E 的位置也确定，可探索点 E 的两种不同的位置状态，亦可求 CE 的值．

已知：$\triangle ABC$ 中，$\angle BCA = 60°$，$AB = 10$，$AC = 16$．设点 D 为 AC 边上一点，以 A 为圆心，AD 为半径的圆弧交射线 AB 于点 P，连接 DP．射线 DP 与射线 CB 交于点 E（图6–图7）．

（1）若点 P 在 AB 边上，且 $\triangle ACP$ 与 $\triangle BPC$ 相似时，求 AD 的长．

（2）若 $BP=2$ 时，求 CE 的值．

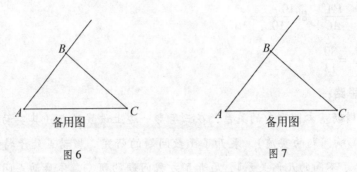

图6　　　　　　　　　　图7

解：（1）（i）若点 P 在 AB 边上，且 $\triangle ECD$ 与 $\triangle BPD$ 相似时（图8）．

$\because \angle BPD = \angle EDC$，

有（i）$\angle DBP = \angle E$，

则有 $\angle ABC = \angle E + \angle EPB$，

得 $\angle DBC = \angle EPB = 60°$，

$\therefore \triangle CBD \backsim \triangle CAB$，

$\therefore CB^2 = CD \cdot CA$，

即 $14^2 = CD \cdot 16$，

解得 $CD = \dfrac{49}{4}$，

$\therefore AD = \dfrac{15}{4}$．

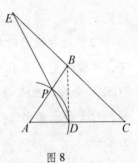

图8

（ii）$\angle DBP = \angle C$ 时（图9），

有 $\triangle ABD \backsim \triangle ACB$，

得 $AB^2 = AD \cdot AC$，

即 $10^2 = AD \cdot 16$，

解得 $AD = \dfrac{25}{4}$．

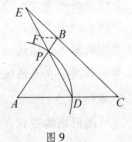

图9

解：（2）（i）当点 P 在 AB 边上，作 $BF /\!/ AC$ 交射线 DP 与点 F（图10），

则有 $\dfrac{BF}{AD} = \dfrac{BP}{AP}$，

$\therefore \dfrac{BF}{8} = \dfrac{2}{8}$，解得 $BF = 2$．

在 $\triangle CDE$ 中，

$\because BF /\!/ DC$,

$\therefore \dfrac{BF}{DC} = \dfrac{EB}{EC}$, 代入数据解得 $BE = \dfrac{14}{3}$,

$\therefore CE = \dfrac{56}{3}$.

（ⅱ）当点 P 在 AB 延长线上时，同理可得 $BF =$ $BP = 2$, $AD = AP = 12$, $DC = 4$.

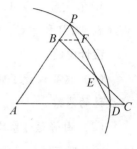

图 10

$\therefore \dfrac{BF}{DC} = \dfrac{EB}{EC}$, 即 $\dfrac{2}{4} = \dfrac{14 - CE}{CE}$, 解得 $CE = \dfrac{28}{3}$.

以等腰三角形为基架的动点问题探究

一、分析基本图形

问题 1：如图 1 所示，已知 $\triangle ABC$ 中，$AB = AC = 5$，$BC = 8$.

你能获得哪些信息（如：$\triangle ABC$ 的周长和面积，锐角 B，C 的三角比的值等）？

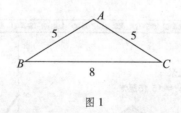

图 1

"GSP" 习题编制辅助平台：

1. 作线段 BC，【构造】线段 BC 的垂直平分线 l.

2. 选中点 B，并选择【标记中心】，选中点 C，在【变换】菜单中选择【缩放】命令．在【缩放】对话框中输入比值 $\dfrac{5}{8}$，得点 C 关于点 B 缩放后的点，标签为点 C'.

3. 选中点 B，C'，选择【构造】／【以圆心和圆周上的点作圆】，与直线 l

交于点 A.

4. 依次选中点 A，B，C，选择【构造】/【线段】，并按"Ctrl + h"隐藏直线 l，圆 B 和点 C'.

设计思路：

（1）这里设计了腰长与底边确定的等腰三角形作为基本背景图形，它是问题设计的基架.

（2）由解题对象比较熟悉的基本图形（腰长与底边确定的等腰三角形）入手，设计时可通过在腰或底边上设置动点，进一步深入到函数的探究中.

二、设置动点，引导探究

1. 选中线段 AB，【构造】线段上的点 D.

2. 选中线段 AB 及点 D，选择【构造】/【垂线】，交 BC 于点 E.

3. 【构造】线段 BD，并选择【度量】/【长度】，弹出线段 BD 长度数据框.

4. 依次选中点 A，D，E，C，选择【构造】/【四边形内部】，并选中【度量】/【周长】，弹出四边形 $ADEC$ 周长数据框.

5. 依次选中线段 BD 的长度数据框及四边形 $ADEC$ 周长数据框，在【绘图】菜单中选择【绘制点 (x, y)】命令. 此时，"GSP"界面弹出坐标平面及 1 个点，标签为点 D'.

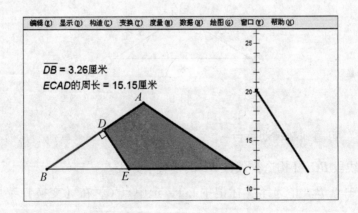

图 2

6. 依次选中点 D，D'，选择【构造】/【轨迹】，坐标平面上弹出变量线段 BD 长度与四边形 $ADEC$ 的周长的函数关系图像. 拖动点 D，可研究这两个变量之间的依赖关系. 同理, 可【构造】变量 BD 的长度与变量四边形 $ADEC$ 的面积、变量 DE 和 BE 的长度之间的函数关系等.

问题2: 如图3所示, 已知 $\triangle ABC$ 中, $AB = AC = 5$, $BC = 8$, 点 D 是 AB 上的一点, 过 D 作 AB 的垂线交 BC 边于点 E, 设 $BD = x$.

探究一:

(1) 用含 x 的式子表示 DE, BE 等线段的长.

(2) 用含 x 的式子表示四边形 $ADEC$ 的周长、面积等.

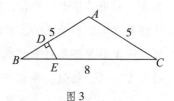

图3

设计思路:

在等腰三角形腰上设置动点(也可设置在底边上), 这里加强了函数的应用. 通过作垂线段 DE, 将动点 D, E 通过垂直这一特征建立起依赖关系, 动点 E 依赖动点 D 的变化而变化; 利用"GSP"平台, 拖动点 D, 能挖掘到 $\triangle BDE$ 的形状不变, 且 $\angle B$ 是等腰 $\triangle ABC$ 的底角, 又是直角 $\triangle BDE$ 的锐角, 这种对同一元素在不同图形中扮演不同角色的观察, 正是解题对象在数学学习中需要形成的能力之一.

探索: 线段 AE, 拖动点 D, 可观察 $\triangle BDE$ 的形状, 大小不断变化, 可探索当 $\triangle AEC$ 为等腰三角形时点 D 的确定位置.

同理, 拖动点 D, 可探索当 $AE \perp AC$ 或 $\triangle BDE$ 与 $\triangle ADE$ 相似时 D 点的确定位置.

三、添加元素, 延伸探究

问题3: 如图4所示, 已知 $\triangle ABC$ 中, $AB = AC = 5$, $BC = 8$, 点 D 是 AB 上的一点, 过 D 作 AB 的垂线交 BC 边于点 E, 连接 AE, 在点 D 的变化过程中, 设 $BD = x$.

探究二:

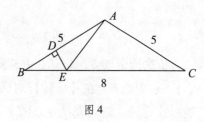

图4

(1) AE 的长用 x 的式子表示.

(2) 当 $AE \perp AC$ 时, 求 x 的值.

(3) 当 x 为何值时, 以点 B, D, E 为顶点的三角形与以点 A, D, E 为顶点的三角形相似? (判定)

(4) 当△ACE 为等腰三角形时，求 x 的值.（性质）

设计思路：

这一串问题链的设计，从图形结构上看比上一题多了一条线段 AE，并且三角形的个数也增多了，但子动点 D 不变，由于图形结构的变化，开放性的结论更多，利用"GSP"平台，随着动点 D 的运动，带动了△ADE，△AEC 的变化，这些变化均依赖于点 D，所以存在必然的函数关系. 在上述解题活动的带动下，可进一步引导解题对象将探究活动逐步深入，符合解题规律. 这里，线段之间的位置关系、相似、等腰三角形的几何知识仅仅是一个平台，主要是将函数问题方程化，通过这一连串的问题设置，解题对象可进一步感知函数与方程之间紧密的联系. 通过一系列问题串的解决，可进一步体验形数结合在解决数学问题中的作用.

1. 依次选中点 E，B，选择【构造】/【以圆心与圆周上的点作圆】，拖动点 D，观察⊙E 与直线 AC 的位置关系.

2. 【构造】线段 AC 中点 O，选中点 O，A，选择【构造】/【以圆心与圆周上的点作圆】，得以 AC 为直径的⊙O，拖动点 D，可探索⊙E 与⊙O 的位置关系.

问题 4：如图 5 所示，已知△ABC 中，AB = AC = 5，BC = 8，点 D 是 AB 上一点，过 D 作 AB 的垂线交 BC 边于点 E，设 BD = x.

(1) 讨论以 BE 为半径的⊙E 与直线 AC 的位置关系.

(2) 讨论以 BE 为半径的⊙E 与以 AC 为直径的圆的位置关系（图 6）.

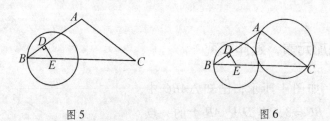

图 5 　　　　　　　　　　　　　　　　图 6

依次选中点 B，A，C，并选择【标记角度】，选中点 A，并选择【标记中心】，选中点 E，在【旋转】对话框中选择【标记角度】命令，得点 E 绕着点 A 逆时针旋转，旋转角为∠BAC 后的点，标签为点 G，【构造】线段 AG，EG，CG，【构造】线段 AC，EG 的交点 F.

拖动点 D，可探索变量 BD 的长与变量 CF 的长之间的函数关系，观察当四边形 AECG 为梯形时，点 D 的两种不同的可确定的位置状态.

问题5：如图7所示，已知△ABC中，AB = AC = 5，BC = 8，点 D 是 AB 上的一点，过点 D 作 AB 的垂线交 BC 边于点 E，连接 AE，将△ABE 绕点 A 旋转，使点 B 与点 C 重合，点 E 落在平面上的点 G 处，连接 AG，EG，且 EG 交 AC 边于点 F.

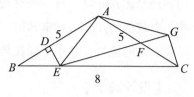

图 7

（1）求证：△AEG∽△ABC.

（2）设 BD = x，CF = y，写出 y 与 x 的函数关系式与自变量 x 的取值范围．当四边形 AECG 是梯形时，求出此时 BD 的长.

设计思路：

问题 4 的设计是在动点 D 的变化过程中又添加了"圆"这一元素，展开了对直线与圆、圆与圆的位置关系的讨论，由直线型过渡到曲线型，使解题的难点得以升华，利用"GSP"平台，伴随点 D 的运动，两圆的位置也发生相应的变化．问题 5 加入了"旋转"，利用"GSP"平台，从另一个角度勾出了"一线三角"，即∠B = ∠AEF = ∠ACB 这一基本图形．解题对象在解决问题过程中可体验到特殊四边形中的分类讨论思想.

图形运动之旋转变换[①]

【教学概要】

（1）本课选取了一连串探究性的旋转变换问题，此类研究性问题在初中教材中不多，本课所选的内容也是作为九年级总复习过程中的一次实践尝试．通过"GSP"几何画板辅助平台，探索正三角形、正方形、正五边形中交角等于120°，90°和72°的两条直线与正多边形所交的四个点所围成的四边形的形状，进而体会解决旋转变换问题的一般方法，最后进行命题的推广延伸．此类研究性问题对培养学生的数学研究方法及数学学习综合能力的形成有着重要的意义.

---

① 李秋明，张雄．聚焦数学课堂　升华特色理念 [M]．上海：上海三联书店，2011：143－149.

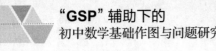

（2）本课内容适合于九年级总复习阶段的专题教学，九年级学生对探究性问题还是比较好奇，对一些有规律性的问题充满探究的欲望，他们乐于动手操作，有较强的好胜心和求知欲．同时，九年级学生也已具备了一定的归纳、总结和表达的能力，基本上能在教师引导下展开对问题的探索和讨论．

【设计理念】

（1）本课的问题设置属归纳类拓展型专题，教师在本节课的活动中，是学生探研学习的参与者、合作者、指导者和支持者．

（2）以动手操作、探究发现、归纳总结、拓展延伸为本课的贯穿线索，通过"GSP"几何画板辅助平台的操作演示，在引导激励学生自己探究学习活动的基础上，落实对图形运动旋转变换本质属性的理解．在运动变化过程中，以交点的特殊位置或特殊时刻为突破口，引导学生探究图形在运动旋转变换过程中是否保留或具有某种性质？并将问题划归为静止状态，通过操作、探索、猜想、归纳等一系列的手段获得问题的解决，体现了注重"过程与方法"的设计理念．

【教学目标】

学生通过对正三角形、正方形、正五边形中以中心角两边所形成的两条直线与正多边形边长的交点所形成的四边形形状的探究，进一步体验图形在旋转变换中的本质特征．感悟变换图形在特殊位置与一般位置变换过程中蕴含的由特殊到一般，转化，分类等数学思想，领略"操作—探究—发现—归纳"的数学研究方法．在数学学习与探究的过程中，体验探索与创造的乐趣．

【教学准备】

几何画板动态演示．

【教学重难点】

（1）图形旋转变换中定性定量问题的研究．
（2）体会图形旋转变换中从特殊位置到一般位置的研究方法．

【设计流程】

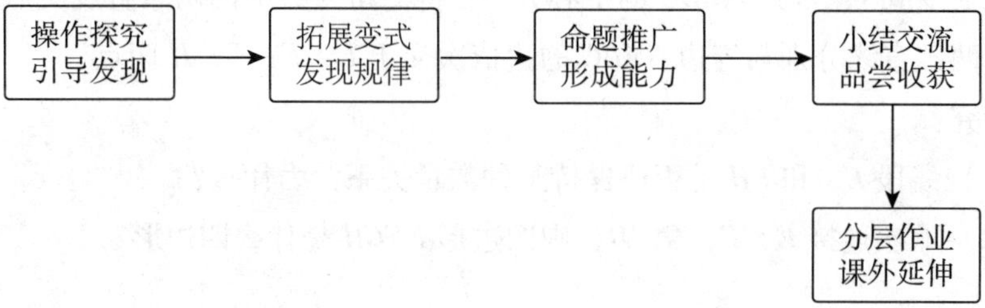

操作探究
引导发现
拓展变式
发现规律
命题推广
形成能力
小结交流
品尝收获
分层作业
课外延伸

图 1

【教学过程】

（一）操作探究　引导发现

问题 1：操作正方形 $ABCD$ 的中心为 O，将交角为 90° 的两条直线交点绕点 O 旋转，两条直线分别与正方形的边依次交于 E，F，G，H 四点（图 2）.

探究：

(1) 线段 EG 和 FH 有何数量关系？为什么？

(2) 将点 E，F，G，H 顺次连接，则四边形 $EFGH$ 是一个什么四边形？

解题思路分析：

图 3 中只需证 $\triangle EGM \cong \triangle FHN$，即可得 $EG = FH$.

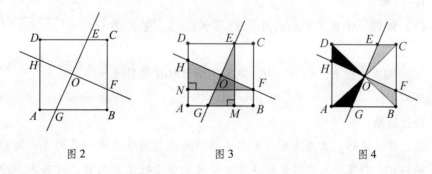

D
E
C
H
O
F
A
G
B

图 2

D
E
C
H
O
F
N
A
G
M
B

图 3

D
E
C
H
O
F
A
G
B

图 4

图 4 中只需证 $\triangle DOH \cong \triangle AOG$，$\triangle COE \cong \triangle BOF$，即可得 $OH = OG$，$OE = OF$.

设计思路：

以学生熟悉的几何平面图形（正方形）为切入点，渗透图形的旋转变换，学生通过自主操作，教师用几何画板演示，让学生感知旋转运动过程中图形所保持的某些特性.

（二）变式拓展，发现规律

拓展变式1：等边△ABC的中心为O，将交角为120°的两条直线交点绕点O旋转，两条直线分别与等边△ABC的边依次交于E，F，G，H四点.

探究：

（1）线段EG和FH是否还保持某种数量关系？为什么？

（2）顺次连接E，F，G，H，则四边形EFGH是什么四边形？

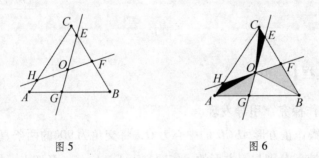

图5   图6

解题思路分析：图7中，只需证△AOH≌△COE，△BOF≌△AOG，即可得OE = OH，OF = OG.

拓展变式2：正五边形ABCDM的中心为O，将交角为72°的两条直线交点绕点O旋转，两条直线分别与正五边形ABCDE的边依次交于E，F，G，H四点.

探究：

（1）线段EG和FH是否还保持某种数量关系？为什么？

（2）顺次连接E，F，G，H，则四边形EFGH是什么四边形？

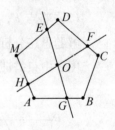

图7

设计思路：

通过正三角形、正五边形绕中心旋转的两条交角等于中心角的直线与边的交点的研究，引导学生观察发现旋转变换过程中定性定量的研究（如本题中始终有几对三角形保持全等），教师再利用几何画板演示，在运动旋转过程由特殊到一般位置的变化过程中，体验运动变换，分类讨论的数学思想，体会研究旋转运动问题的一般方法.

（三）命题推广，形成能力

思考：能否将上述研究的命题进行推广，提出一个一般性的命题？（学生讨论，合作交流，大胆猜想）

可推广为：在一个正 n 边形中，将交角为 $360°/n$ 的两条直线绕着正 n 边形的中心旋转，依次与正 n 边形的边交于四点，则顺次连接四点所形成的四边形是等腰梯形或矩形．（当 $n=4$ 时，所形成的四边形是正方形，可以看作是特殊的矩形）

（四）小结交流，品尝收获

（1）回顾本课在旋转变换问题中，用什么作为解决问题的突破口？（构建全等或相似）

（2）体验在运动变化过程中，构造全等或相似的有效途径．

（五）分层作业，课外延伸

必做题：

1. 已知：正方形 $ABCD$ 边长为 2，边长为 1 的正方形 $AEFG$ 的两边与 AB，AD 重合，如图 8 所示，求 DG/CF 的值．

变式：将图 8 中的正方形 $AEFG$ 绕点 A 旋转 α 角度（图 9），则上述结论是否还成立？

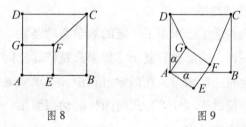

图 8　　　　　　　　　图 9

2. 如图 10 所示，已知 $\triangle ABC$ 中，$CA=CB=a$，D，E 在 AC，AB 上，则 $DA=DE=b$，求 CD/BE 的值．

变式：将 $\triangle ADE$ 绕点 A 旋转 α 角度（图 11），则上述结论是否还成立？

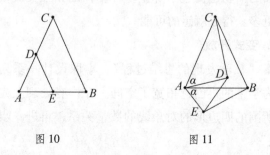

图 10　　　　　　　　图 11

选做题:

已知:$\angle MPN = 60°$,角平分线 PQ 上有一点 O,

$PO = \sqrt{3}$,将交角为 $60°$ 的两条直线交点置于点 O 处旋转,两直线依次交射线 PM 于点 E,F,交射线 PN 于点 G,H(点 E,F,G,H 都不互相重合,图 12),设 $PF = x$,$PG = y$,试求 y 与 x 的函数关系式,写出自变量的取值范围.

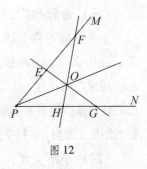

图 12

【教学设计说明】

本课内容是九年级第二轮专题复习中图形的运动这一部分,也是初中学生最感到棘手的一类问题.它对操作能力的要求较强,并具有一定的探究功能,如何在复习课中强化这一内容呢?通过对命题的设计、思考,决定大胆采用正多边形系列中两条直线在特定的交角下通过绕正多边形中心旋转与正多边形的边的交点所构成的四边形的形状为载体,通过图形的旋转变换,解决旋转图形在运动过程中保持的某些特性(如全等、相似等),进而掌握旋转变换问题的处理方法.本课设计体现如下特征:

1. 动态演示,激活思维

对于图形的变换,学生已积累了一定的数学活动经验,但旋转是三种基本变换中难度较大的一种,图形也较复杂.如果只是依靠空间想象能力和动手画图,对学生的学习会有一定困难,在教学过程中,力求实现数学教学与现代信息技术的有机结合,借助于"GSP"几何画板的动态演示,让学生清晰体验图形旋转过程,激活学生的思维.

2. 开放课堂,让师生在互动中创新学习

本课从多层面开放课堂,有师生互动式活动,又有学生自主操作,探究等学生活动,多层面的活动也促进了师生多种多样的相互交流,学生有充分展示自己的机会,有更多获得成就感的可能.

3. 自主探究,变式开放

为了充分暴露"数学发现的思维过程",本课设计一系列的典型、开放型的研究性问题,为学生的再创造拓宽了空间.在内容处理上先把问题背景复杂化,先引导探索所围的四边形的对角线的数量关系,再进一步探索四边形的形状,"形散神不散".

4. 引导学生深入探究，揭示规律

这样可使学生思维向纵深发散，有利于思维能力培养，以"操作——探究——发现——归纳——总结升华"为主线，使学生亲身体验如何"做数学"，"发现数学"，实现数学"再创造"的过程，使学生经历、体验、感悟、达到收获的目的．

需要进一步说明的地方：对于最后一部分命题的推广，对学生综合归纳能力的要求较高，学生呈现的答案可能不够严密，教学设计时只让学生停留在感受层面，只是作为一种尝试，不做深入研究．

探索性动态几何问题
的研究系列（动感三角板）

【教学目标】

（1）通过动手实践，操作探索等一系列的数学活动，进一步掌握动态几何问题的处理方法．

（2）提高分析问题和解决问题的能力，以及认真思考，积极参与的主体意识和乐与探索，勇于创新的科学合作精神．

（3）通过对活动过程的反思，获得发现、提出、解决问题的经验，掌握从事数学活动的基本方法．

【教学重难点】

用函数的观点探索未知与已知之间的外在与内在的联系，在运动变化中分析、观察、联想，寻求解决问题的方法．

【教具准备】

充分利用"GSP"进行多媒体教学．

【教学过程】

1. **师生互动，启发诱导**

将手中的直角板绕着直角顶点 A 旋转．画出顺时针旋转 $90°$ 以后的图形．此时，$\angle CBD$ 的度数是多少？

当点 C 落在 DE 或 BD 上时，$\triangle ABC$ 分别顺时针旋转了多少度？

问题的变式：将三角形 ABC 作如下变换（多媒体显示动态过程）．

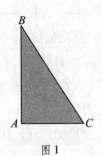

图 1

如图 2 所示，把一个直角三角尺 ACB 绕着顶点 B 顺时针旋转，使得点 A 与 CB 的延长线上的点 E 重合，点 C 旋转至点 D 处．

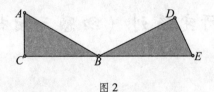

图 2

探究 1：三角尺旋转了多少度？

探究 2：连接 CD，判断 $\triangle CBD$ 的形状．

探究 3：求 $\angle BDC$ 的度数．

2. **合作交流，探索发现**

操作：在等腰直角 $\triangle ABC$ 中，$AC = BC = 2$，点 D 是 AB 的中点，把一直角顶点置于点 D 处旋转，直角的两边分别与 BC，AC 相交于点 E，F．

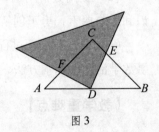

图 3

探究 1：运动过程中，线段 DE 和 DF 的长度保持着怎样的关系？说明理由．

探究 2：运动过程中，四边形 $CEDF$ 的周长和面积有没有发生变化？说一下理由．

3. **巩固练习、形成技能**

已知：$\angle XOY = 120°$，点 P 是角平分线上一点，且 $OP = 2$．

操作：将 $60°$ 的角的顶点置于点 P 处旋转，角的两边与射线 OX，OY 分别交于点 A，B．

探究：

（1）判断△PAB的形状．

（2）四边形$PAOB$的周长与面积是否发生变化？

4. 小结交流，体会感悟

谈收获．

5. 布置作业

（略）

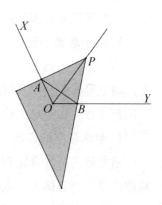

图4

【教案设计说明】

1. 指导思想

八年级学生由于数学逻辑思维能力不是很强，正是从实验几何向论证几何过渡的重要时期．二期课改理念下的课堂教学，应置于现代信息技术的背景下考虑，充分利用"GSP"平台，创设一个探索数学，欣赏数学的学习环境．让学生感受到数学不仅具有抽象性、严谨性，而且是探索性的、动态的、发展的学科．本堂课以探索动态问题为主线，通过这样一节课，即起到了复习旧知的作用，又教会了学生处理探索性动态几何问题的基本方法．学生通过自主分析问题得到结论、总结规律，并注意了学习方法和数学思维的渗透，培养了学生数学学习的能力和兴趣．

2. 选题的设想

本节课以学生的学具为背景，展示了数学的丰富内涵，本节课材料鲜活、亲切、表述鲜明、直观，考验了学生用联系的观点从三角尺的边教关系中观察、分析数量关系的能力，又考验了学生用发展的观点进行几何建模的能力，引导学生将数值变为真知，将感性升为理性，即开发了学生身边的数学资源，又倡导了学生主动参与、乐于探究、勤于动手、生动活泼的学习风气．动手实践、自主探索是学习数学的重要方式，二期课改理念下的数学课堂教学要求数学学习训练的内容重点应放在帮助学生打好基础上，同时要重视对探究型、开放型、质疑型问题的研究，使重在基础性的训练与重在发展性的训练合理搭配、有机整合，构建合理的数学学习系统．探索性动态几何问题是培养学生动手实践、自主探索的新题型．探索性问题与常规问题不同，它可能条件不够完备，也可能结论不确定，问题的形式具有一定的开放性．动态几何问题中的元素（如点、线、面等）处在运动变化的相互依存之中．即具有探索性又具有动态性的几何

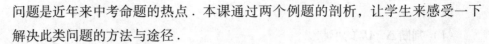

问题是近年来中考命题的热点．本课通过两个例题的剖析，让学生来感受一下解决此类问题的方法与途径．

3. 关于教具的选择

借助于几何画板，更能直观地描述出数学问题的本质特性．特别是对于动态问题更要善于利用几何画板在图形的运动变化中分析、观察、联想，寻求解决问题的方法和策略：化静为动、以静窥动，在"变"中寻求"不变"．

4. 教学程序的设计

西方著名的教育家布鲁斯认为："探索是数学教学的生命线"．本节课教学程序的设计充分体现了以教师为主导，学生为主体的教学原则．在整个教学过程中，让学生积极参与教学活动，通过观察—猜想—论证—得到结论，使学生的思维活动层层展开、步步深入．每一位学生都能从认知、情感与能力三方面得到培养．

通过图形的运动构造基本图形

【教学概要】

（1）近几年关于图形的运动一直是中考试题中的重点和难点，通常出现在第 18 题和第 25 题．本节课的教学内容主要借助"GSP"辅助平台，围绕翻折、平移和旋转的运动变换辅助添加辅助线从而来构造基本图形，如构造等腰三角形、直角三角形、中点八字形、全等三角形和正方形等，转化为所学过的基本图形来解决几何证明中的问题．学生通过本节课的学习能够正确作出运动后的图形，并掌握图形运动后的本质问题．此类研究性问题对培养学生的数学研究方法及数学学习综合能力的形成有着重要的意义．

（2）本课内容适合于八年级添加辅助线构造新图形的一个专题教学，这个专题是对八年级课本的例题进行一个整合和拓展，八年级学生对探究性问题还是比较好奇，通过"GSP"辅助平台操作和论证几何的结合更能激发他们的学习兴趣和探究的欲望．同时，八年级学生已经学习了三角形、全等三角形、证明举例和直角三角形等知识，已具备了一定的归纳、总结和表达能力，基本上能在教师引导下展开对问题的探索和讨论．

【设计理念】

（1）本课的问题设置属动手操作探究归纳类拓展型专题，教师在本节课的活动中，是学生探研学习的参与者、合作者、指导者和支持者．

（2）以动手操作、探究发现、归纳总结、拓展延伸为本课的贯穿线索，通过裁剪纸片的拼接和"GSP"辅助平台的操作演示，在引导激励学生自己探究学习活动的基础上，落实对图形运动来构造基本图形的本质的理解．在运动变化过程中，把分散的元素集中到一个图形中，把没联系的图形转化为新图形，引导学生探究图形在运动变换过程中的性质来启发添加辅助线构造出基本图形，并将问题划归为静止状态，通过操作、探索、猜想、归纳等一系列的手段获得问题的解决，体现了注重"过程与方法"的设计理念．

【教学目标】

通过翻折、平移和旋转启发添置辅助线来构造基本图形，进一步获得探究证题思路的经历、丰富演绎证明的经验，体会在图形运动思想的指导下添置辅助线的方法和构造基本图形的方法．在此过程中，领略"操作—探究—发现—归纳"的数学研究方法．在数学学习与探究的过程中，体验探索与创造的乐趣．

【教学准备】

三角形纸板的拼接和几何画板动态演示．

【教学重难点】

（1）利用图形的运动构造基本图形．
（2）合理添加辅助线．

【设计流程】

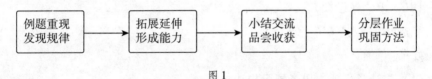

图 1

【教学过程】

（一）例题重现引导发现

例1：如图 2 所示，已知在 $\triangle ABC$ 与 $\triangle A'B'C'$ 中，$AB = A'B'$，$BC = B'C'$，$CA = C'A'$.

求证：$\triangle ABC \cong \triangle A'B'C'$.

解题思路分析：全等三角形的其他判定方法都与三角形的角有关，于是要设法找到 $\triangle ABC$ 与 $\triangle A'B'C'$ 中有一组角相等. 但是在这两个分散的三角形中，已知条件的作用受到限制，因此考虑通过图形的运动：利用"GSP"平台操作先把 $\triangle ABC$ 翻折，再通过平移把他们组合成一个图形. 已知边相等，要转化为角相等，受到启发添线构造出基本图形：两个等腰三角形.

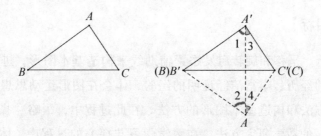

图 2

证明：假设边 BC 最长，如图，把 $\triangle ABC$ 与 $\triangle A'B'C'$ 拼在一起，使边 BC 与 $B'C'$ 重合，并使点 A，A' 在 $B'C'$ 的两侧，再连接 $A'A$.

$\because AB = A'B'$，$AC = A'C'$（已知），

$\therefore \angle 1 = \angle 2$，$\angle 3 = \angle 4$（等边对等角），

$\therefore \angle 1 + \angle 3 = \angle 2 + \angle 4$（等式性质），

即 $\angle B'A'C' = \angle BAC$.

在 $\triangle ABC$ 与 $\triangle A'B'C'$ 中，

$AB = A'B'$（已知），

$\begin{cases} \angle B'A'C' = \angle BAC \text{（已证）}, \\ AC = A'C' \text{（已知）}, \end{cases}$

$\therefore \triangle ABC \cong \triangle A'B'C'$（SAS）.

要求：

（1）先让学生独立思考展示想法.

（2）然后再合作交流归纳：通过图形的运动添置辅助线来拼图.

（3）动手操作加"GSP"平台演示：用三角形纸板演示并作图，找出清晰地论证思路.

设计思路：

对于分散的图形缺少条件时，让学生学会通过图形的运动来构造新图形，结合已知和结论进一步思考添置辅助线的方法，从而构造出所需要的基本图形等腰三角形，找到线段和角之间的转化来解决问题，初步感受图形的运动的思想来解决几何论证的问题.

例 2：如图 3 所示，已知点 D 在边 BC 上，$BD = CD$，$\angle 1 = \angle 2$.

求证：$AB = AC.$

解题思路分析：本例是证明两条线段相等，图形看似简单，但无法直接运用全等三角形的判定和性质来进行证明. 考虑到已知条件中其实有 $\triangle ACD$ 的中线 AD，这为图形的旋转提供了条件. 通过倍长中线 AD，可作出 $\triangle ABD$ 关于点 D 对称的图形. 这种添加辅助线的方法，在证明直角三角形斜边上的中线的定理时也要用到，本例是一个铺垫.

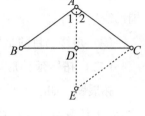

图 3

证明：延长 AD 到点 E，使 $DE = AD$，连接 CE.

在 $\triangle ABD$ 与 $\triangle ECD$ 中，

$BD = CD$（已知），

$\begin{cases} \angle ADB = \angle EDC（对顶角相等），\\ AD = ED（所作），\end{cases}$

$\therefore \triangle ABD \cong \triangle ECD$（SAS），

得 $EC = AB$，$\angle E = \angle 1$（全等三角形的对应边相等、对应角相等）.

又 $\because \angle 1 = \angle 2$（已知），

$\therefore \angle E = \angle 2$（等量代换），

得 $EC = AC$（等角对等边）.

$\therefore AB = AC$（等量代换）.

要求：

（1）学生独立思考，推翻错误的 SSA 的证明方法.

（2）PPT 演示△ABD 绕点 D 旋转 180°的运动情况．

（3）学生受到启发归纳得出添线的方法，口述证明思路．

设计思路：

这个题目是证明线段相等，可迁移到前面证明线段相等的方法，逐个排除，寻找出利用第三边搭桥通过等量代换可行得通．由已知点 D 是中点，所以引导中线延长一倍，实质就是把△ABD 绕点 D 旋转 180°，形成它的中心对称图形△CDE．利用"GSP"辅助平台来演示，让学生认识到这种添线的方式是在图形的旋转运动下得出的．引导学生通过图形的运动构造基本图形：中点八字形（两个全等三角形）和等腰三角形，得出角相等、线段相等．在图形运动的过程中，让学生明确它的某些特性．

归纳：

（1）添置辅助线的方法（通过图形的翻折、平移和旋转来启发合理地添加辅助线）．

（2）最终的目的是构造出所需要的基本图形来解决问题．

（二）拓展延伸形成能力

拓展题：如图 4 所示，在 Rt△ABC 中，∠BAC = 90°，AB = AC，如果 M，N 是 BC 上任意两点，并满足∠MAN = 45°，那么线段 BM，MN，NC 是否有可能使等式 $MN^2 = BM^2 + NC^2$ 成立？如果成立，请证明，如果不成立，请说明理由．

解题思路分析：首先看到这个等式：$MN^2 = BM^2 + NC^2$，会想到找以这三条边构成的直角三角形，如果没有，就要添线去构造和 MN，BM，NC 中一些相等的线段，继而构造出直角三角形，找线段相等一般会想到全等，需要构造出全等三角形，经历了前面两个通过图形的运动来构造基本图形，所以同学们已经具备了一些经验．

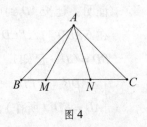

图 4

方法 1：如图 5 所示，通过翻折构造 Rt△MNB′，"GSP"辅助平台演示：

△ABM 沿着 AM 翻折，得到△AB′M．

△ABM 沿着 AN 翻折，得到△AC′N．

探究（1）：如何证明 AB′和 AC′重合？

（2）：如何证明∠MB′N = 90°？

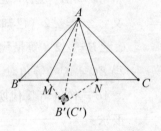

图 5

（抓住图形运动中的一些本质特性：线段和角相等）

方法 2：也可以让△*AMN* 沿着 *AN* 翻折来构造直角三角形.

（方法 2 留给学生课下完成）

方法 3：如图 6 所示，通过旋转构造 Rt△*M'CN*，

"GSP"辅助平台演示：

△*ABM* 绕着点 *A* 逆时针旋转 90°得到△*ACM'*，

连接 *M'N*，构造出 Rt△*M'CN*.

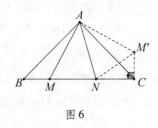

图 6

探究（1）：如何证明点 *B* 旋转之后的对应点是

点 *C*?

（2）：如何证明∠*M'CN* = 90°?

（3）：如何证明 *MN* = *M'N*?（△*AMN* ≌ △*AM'N*）

抓住解决问题的关键：图形的运动中不变的特性；结合已知条件合理添加

辅助线；构造需要的基本图形.

要求（1）学生独立思考，展示不同的想法.

（2）教师引导，学生合作交流证明前的分析.

（3）几何画板演示，学生操作画图.

（4）交流证明思路.

（5）交流题后反思.

设计思路：

经历前面两个题目的分析思路的过程，对于这个题目学生会有启发的，会

想到通过图形的运动来添线构造出想要的基本图形：直角三角形. 体验寻找图

形运动的方法和感受图形运动的思想，培养学生动手作图、一题多解、灵活应

用和融会贯通的能力.

（三）小结交流，品尝收获

（1）几何证明中添加辅助线遇到困难时你会想到什么方法？（利用图形的

运动）

（2）为什么运用图形的运动来构造基本图形？（可以启发添线并能找到一

些相等的量：线段、角……）

（3）构造基本图形的目的是什么？（复杂图形中不能解决的问题转移到所

学过的需要的图形中去解决）

（4）本节课用到的数学思想是什么？

（四）分层作业，课外延伸

我们知道正方形是四条边相等，四个内角都等于90°的四边形.

（1）如图7所示，已知正方形 $ABCD$，点 E 是边 CD 上一点，延长 CB 到点 F，使得 $BF=DE$，作 $\angle EAF$ 的平行线交边 BC 于点 G. 求证：

$$BG+DE=EG.$$

（2）如图8所示，已知△ABC 中，$\angle BAC=45°$，$AD\perp BC$ 于点 D，若 $BD=2$，$CD=1$. 求△ABC 的面积.

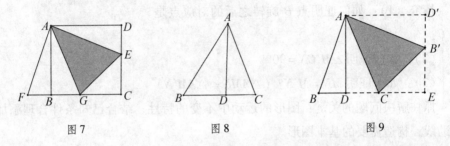

图7　　　　　　　　　图8　　　　　　　　　图9

解题思路：第（2）问的解决方法是在第（1）问图形的基础上完成的，通过图形的旋转，补出一个正方形（图9），运用方程来求出正方形的边长，从而求出三角形的面积.

【教学设计说明】

本课内容是八年级添加辅助线来进行几何证明的其中一个类型的归纳和整合，也是初中学生最感到棘手的一类问题. 对初中几何证明添加辅助线的一大优点是借助"GSP"辅助平台利用图形的运动思想来启发添加辅助线，当问题条件不够，可考虑用平移、翻折、旋转把分散的元素集中在一个图形中或者通过图形运动把题目中不是很明朗的、比较隐蔽的条件明朗化，受到启发后添加辅助线构成新图形（尤其是基本图形）、形成新关系、使分散的条件集中，建立已知与未知的桥梁，把问题转化为自己能解决的问题，这是解决问题常用的策略.

图形的运动与辅助线的添加有着非常密切的关系，恰当的运用图形运动的方法有时对几何证明题的完成会起到事半功倍的效果，对于一些特殊图形甚至几种方法都能奏效，只要能抓住图形的基本特征，运用图形运动来添加辅助线一般来说是有一定的效果的.

但是图形的运动对操作画图能力的要求较强，并具有一定的探究功能，如何在复习课中强化这一内容？万变不离其宗，首先还是要研究教材、吃透教材，把教材中出现的例题进行归纳和整合，设计出一个同类型的专题，专题的设计要基于培养学生学会掌握几何证明的方法和解决问题的能力．本课设计体现如下特征：

1. **尊重学生的认知过程，充分发挥学生的主体性**

几何证明前的分析都是让学生独立思考，合作交流完成．对于图形的运动这类可操作的题目，应重视学生的动手操作的培养，特别是学生在解题过程中毫无思路的时候，我们更应该教会学生一些简单的应试技巧．可以让学生自己体验裁剪图形并拼接图形，这样更能深刻体会图形的运动变换可以启发几何论证的逻辑思维，从而激发学生的求知欲，让学生积极参与到教学活动中．

2. **注重动态演示，激活思维**

对于图形的运动变换，学生已积累了一定的数学活动经验，但旋转难度较大，画图相对也比较困难．如果只是依靠空间想象能力和动手画图，对学生的学习会有一定困难，在教学过程中力求实现数学教学与现代信息技术的有机结合，借助于几何画板的动态演示，让学生清晰体验图形运动的过程，激活了学生的思维．

3. **注重教师适时的引导，突破难点**

教学过程是一种提出问题，解决问题持续不断的活动，因此教学过程中教师要善于提出问题，设置疑问来引导．实践证明，疑问、矛盾、问题是思维的启发剂，而学生的创新思维恰恰从疑问和好奇开始，教师如果能够以有效的提问去引导，那么就能起到以石激浪的作用，刺激学生的好奇心，启发学生积极思考．在本课堂中，拓展延伸题要使等式成立需要构造直角三角形，如何构造基本图形呢？教师要适时的引导，通过由"已知"到"可知"，由"结论"找"条件"去分析题目，从而让学生发现需要通过图形的运动变换可以合理地添加辅助线，引导学生深入探究，揭示规律．这样可使学生思维向纵深发散，有利于思维能力培养，以"操作—探究—发现—归纳—总结升华"为主线，使学生亲身体验如何"做数学"，"发现数学"，实现数学"再创造"的过程，使学生经历、体验、感悟、达到收获的目的．

4. **注重证题前的分析和证题后的反思，培养学生的归纳和应用能力**

八年级对图形的研究主要采用推理的方法，几何证明具有较高层次的要求．但是学生对怎样探索几何证明的途径缺少经验，所以要让学生不断反思和总结，从以下几个方面去反思：反思思维过程；反思思维策略，即数学基本思想方法（如本节课用到图形的运动思想、类比和转化的思想）；反思问题本质（如图形的运动变化中的特性）；反思解题方法，以开阔学生视野，促进学生思维的多样性、灵活性、创造性等，提高学生的思维品质和推理分析的能力．让学生注重学习过程，在学习中学会学习，并且还可以获得可持续发展的动力．

基于"GSP"平台的
问题研究

基于"GSP"平台的问题构建

一、"GSP"辅助下的综合问题中数学思想的提炼

在综合问题中提炼核心数学思想，准确把握知识之间的连接点并以数学思想方法贯穿始终，由一个个的知识点串在一起形成知识线，线和线交织成知识面，面和面形成知识体系．设计问题时既要整体把握知识的点线面体，使得零碎的知识形成知识结构体系，还要努力寻找知识点之间的结构联系．一方面，知识之间的连接点也就是教学的依托点，有了教学的依托点，我们才可以谈论教学的生长点和学生的发展点．与此同时，我们可以确定采用什么样的教学策略和学习方式．另一方面，知识点之间的连接处往往隐藏着数学的精华——数学思想与方法，我们可以在每一个知识之间连接的关键处用数学思想与方法将其贯穿起来，形成多层次的立体知识画卷．

"Gsp"平台下问题研究与数学思想方法概括的关系结构框架

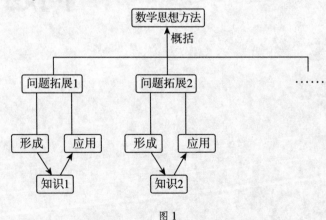

图 1

如："GSP"平台辅助下以数学思想为依托的问题研究示例：函数关系中的变量赋值．

这里，线段之间的位置关系、相似、等腰三角形的几何知识仅仅是一个平

台，主要是将函数问题方程化，让学生感知函数与方程之间紧密的联系．通过一系列问题串的解决，进一步体验数形结合在解决数学问题中的作用．当点动起来以后，有的在变，有的不变，尽管数量关系在变，但依赖关系不变，需要用函数的观点去分析．在运动过程中出现了许多特殊而美丽的瞬间，同时把特殊的数量关系方程化．

（一）直接赋值

如图 2 所示，已知 $\triangle ABC$ 的面积为 5，点 M 在 AB 边上移动（点 M 与 A，B 不重合），$MN // BC$，MN 交 AC 于 N，连接 BN，设 $\dfrac{AM}{AB} = x$.

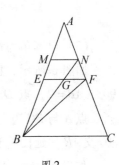

图 2

（1）点 E，F 分别是边 AB，AC 的中点，设 $\triangle MBN$ 与 $\triangle EBF$ 的公共部分的面积为 S，用 x 的代数式来表示 S.

（2）当第（2）问中的 $S = \dfrac{1}{5}$ 时，求 x 的值.

（二）间接赋值

1. 以元素之间的关系为背景的赋值

（1）以两圆的位置关系为背景

如图 3 所示，已知在等腰 $\triangle ABC$ 中，$AB = AC = 5$，$BC = 6$，点 D 为 BC 边上一动点（不与点 B 重合），过点 D 作射线 DE 交 AB 于点 E，$\angle BDE = \angle A$，以点 D 为圆心，DC 的长为半径作 $\odot D$. 设 $BD = x$，$AE = y$，求 y 关于 x 的函数关系式，并写出定义域；

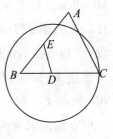

图 3

如果 $\odot E$ 是以 E 为圆心，AE 的长为半径的圆，$\odot D$ 与 $\odot E$ 相切时，求 BD 的长.

（2）以线段的比值为背景

如图 4 所示，已知半圆 $\odot O$ 的直径 $AB = 4$，点 P 是直径 AB 上一点（与点 A，B 不重合），过点 P 作 AB 的垂线交半圆 $\odot O$ 于点 C，点 D 为弧 BC 的中点，射线 DO 与射线 CP 交于点 F. 设 $AP = x$，$BC = y$，求 y 与 x 的函数关系式，并写出自变量 x 的取值范围. 若 $CP = 3PF$ 时，求 AP 的长.

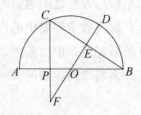

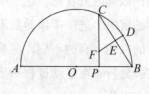

图 4　　　　　　　　　图 5

（3）以等角为背景

如图 6 所示，已知在 Rt△ABC 中，∠BAC = 90°，AB = 4，点 D 在边 AC 上，△ABD 沿 BD 翻折，点 A 与 BC 边上的点 E 重合，过点 B 作 BG∥ AC 交 AE 的延长线于点 G，交 DE 的延长线于点 F.

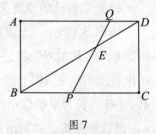

图 6

如果 AC = x，AD = y，求 y 关于 x 的函数解析式，并写出函数定义域；

连接 CG，如果 ∠ACB = ∠CGB，求 AC 的长.

（4）以等线段为背景

如图 7 所示，已知在矩形 ABCD 中，AB = 6cm，AD = 9cm，点 P 从点 B 出发，沿射线 BC 方向以每秒 2cm 的速度移动．同时，点 Q 从点 D 出发，沿线段 DA 以每秒 1cm 的速度向点 A 方向移动（当点 Q 到达点 A 时，点 P 与点 Q 同时停止移动），PQ 交 BD 于点 E. 假设点 P 移动的时间为 x（秒），△BPE 的面积为 y（cm²）.

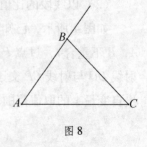

图 7

① 求 y 关于 x 的函数解析式，并写出它的定义域；

② 如果 CE = CP，求 x 的值.

（5）以相似三角形为背景

如图 8 所示，已知：△ABC 中，△BAC = 60°，AB = 10，AC = 16；设点 D 为 AC 边上一点，以 A 为圆心、AD 为半径的圆弧交射线 AB 于点 P，连接 DP. 射线 DP 与射线 CB 交于点 E；设 AD = x，若点 P 在 AB 边上、且△AEC 与△BPD 相似时，求 AD 的长.

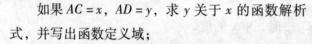

图 8

（6）以两直线的位置关系为背景

如图 9 所示，等边三角形 ABC 的边长为 3，点 P，Q 分别是 AB，BC 上的动点（点 P，Q 与三角形 ABC 的顶点不重合），且 $AP = BQ$，AQ，CP 相交于点 E.

① 设线段 AP 长度为 x，线段 CP 长度为 y，求 y 关于 x 的函数解析式，并写出定义域.

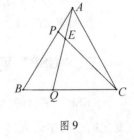

② 点 P，Q 分别在 AB，BC 上移动过程中，AQ 和 CP 能否互相垂直？若能，请指出点 P 的位置；若不能，请说明理由.

图 9

2. 以运动为背景的赋值

（1）翻折

如图 10 所示，已知 AB 是 $\odot O$ 的直径，$AB = 8$，点 C 在半径 OA 上（点 C 与点 O，A 不重合），过点 C 作 AB 的垂线交 $\odot O$ 于点 D，连接 OD，过点 B 作 OD 的平行线交 $\odot O$ 于点 E，交射线 CD 于点 F.

① 设 $CO = x$，$EF = y$，写出 y 与 x 之间的函数解析式，并写出定义域.

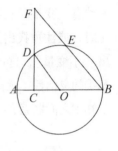

图 10

② 设点 C 关于直线 OD 的对称点为点 P，若 $\triangle PBE$ 为等腰三角形，求 OC 的长.

（2）旋转

如图 11 所示，已知 $\triangle ABC$ 中，$AB = AC = 5$，$BC = 8$，点 D 是 AB 上的一点，过点 D 作 AB 的垂线交 BC 边于点 E，连接 AE，将 $\triangle ABE$ 绕点 A 旋转，使点 B 与点 C 重合，点 E 落在平面上的点 G 处，连接 AG，EG，且 EG 交 AC 边于点 F.

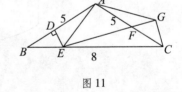

图 11

① 设 $BD = x$，$CF = y$，写出 y 关于 x 的函数关系式与自变量 x 的取值范围.

② 当四边形 $AECG$ 是梯形时，求出此时 BD 的长.

（3）以动点的不同位置设置为背景

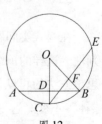

图 12

如图 12 所示，已知 $\odot O$ 的半径 OC 为 3，$OC \perp$ 弦 AB，垂足为点 D，点 E 在 $\odot O$ 上，$\angle EOC = \angle BOC$，射线 CE 与射线 OB 相交于点 F.

设 $AB = x$，$CE = y$.

① 求 y 关于 x 之间的函数解析式，并写出函数的定义域；

② 如果 $BF = 1$，求 EF 的长.

二、"**GSP**" 平台辅助下动态问题构建策略

"GSP" 平台辅助下动态性问题构建中，应增强动态、变化意识，在动态、变化的过程中研究（图 13）. 在研究中提高处理动态、变化的问题的能力. 在研究几何图形性质时注意 "位" 变 "同" 不变；这里的 "位"，指图形的位置，即图形的位置可以改变；"同"，指图形的合同，图形的形状、大小，即图形的形状、大小不改变. 这一点特别在图形运动（合同变换）中，尤其突出. 在研究动点、变量问题时，注意变化中，重变的 "规律"，重 "不变量" 即一量变化时，或注重找出另一量的变化规律，如函数解析式；或注重从另一些量中找出 "不变量"，这可能要求更高. 变换几何图形的位置、形状和大小，培养学生思维的灵活性、敏捷性. 操作上可引导学生把课中的练习题多层次变换，既加强了知识之间联系，又激发学生学习兴趣，从而达到巩固知识又培养能力的目的.

运动型拓展专题的根茎模型

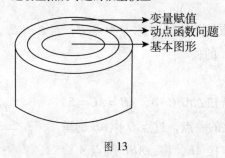

图 13

三、"**GSP**" 平台辅助下变式类问题构建策略

在变式类问题构建时，改变题目的条件和结论，有利于培养学生思维的批判性. 这样的训练可以克服学生静止、孤立地看问题的习惯，促进学生对数学思想方法的再认识，培养学生研究和探索问题的能力. 还应注意 "形" 变 "神" 不变. 这里的 "形"，是形式，即题目的背景和面貌；"神" 是精神，实质，本质，即题目的实质，本质，内核. 变更命题的表达形式，培养学生思维的深刻性. 加强这方面的专题训练，可以使学生深刻理解知识的本质，从而达

到培养学生审题能力的目的．如通过"一题多解"培养思维的发散性：沿着不同方向和角度来思考同一问题，且从多方面寻求多样性答案的展开性思维方式；通过"一题多变"引发思维的深刻性：挖掘思维抽象程度和思维活动的深度和问题的内涵和外涵，指导对新问题进行探讨；通过"引申拓展"引导思维独立性：引导多角度、多方位，有意识地创设新颖的思维情境．

1. 静态展示

（1）图形直观．

（2）举一反三．

（3）全面概括．

2. 动态探究

（1）感知变化过程．

（2）表达数学思想．

（3）完善发现成果．

3. 开展有向多元表征活动

在大脑中出现数学对象结构和关系的代表．在数学活动中，为了给提出问题和解决问题提供丰富的线索，可以对同一数学对象进行多元表征．

四、"GSP"平台辅助下开放式问题构建策略

（1）开放式问题构建时，可以在学生的"最近发展区"设问，这样有助于元认知结构的巩固，也便于将新知同化，使认知结构更加完善，并最终使学生知识结构中的"最近发展区"上升为"已知区"．

（2）开放式问题设计要简洁、精练，切忌啰嗦，模棱两可，让学生一听就知道你在问什么．

（3）关注在有疑之处设计问题．古语云："学起于思，思源于疑"．人的思维活动常常是由问题开始的，有疑问才能产生探索的欲望，引发解决难题的愿望，才能激起学生持久的学习兴趣．

（4）通过创设具有诱发性的问题情境，激发学生固有的好奇心，增强求知欲，使学生接受知识的过程成为一个满足好奇心和求知欲的过程．

（5）寻求不同解题途径与思维方式，培养学生思维的广阔性．对问题解答的思维方式不同，产生解题方法各异，这样的训练有益于打破思维定式，开拓学生思路，优化解题方法，从而培养学生发散思维能力．

（6）夯实基础：对教材中某些题目的变形、引申或组合，在设计时应立足于对通法与通则的把握，同时也要处理好通法与技巧的关系．抓住数学知识的主干部分与通性通法，在此基础上开展一题多解、多解归一等训练，寻求解题途径与思维方式，同时多给学生提问和思考的机会．通过"拓展问题的探究"激活数学思维，积累活动经验．

（7）多角度培养学生自主探究过程：学生智慧存在于经验的形成过程中，存在于经历的活动过程中．利用教材资源反思教材，多角度培养学生自主探究过程，把问题上升到一个高的层次，注重知识的"生长点"与"延伸点"，关注知识的结构与体系，引导学生从不同角度加以分析、理解．

（8）调动学生积极思考，促进问题解决：在问题研究中因势利导，引导学生进行质疑，提供发现问题和提出问题必要的氛围，采用多元的形式进行教学内容的拓展延伸，为数学思考与问题解决的"种子"提供充足的阳光与水分．

（9）升华学生情感态度：充分挖掘教材的情感内涵，创设情感、思维、技能三位一体的数学专题问题，让学生在学习过程中有较多的正面情感体验，激起数学学习的兴趣，把教学过程衍变为带有情感色彩的数学探究活动，更要为学生留下回味、思考、拓展、延伸的余地，建立自己的数学学习的直觉，用数学的思维方式来思考问题．

（10）促进反思能力的提高．结合问题研究的教学，培养学生的反思能力可从以下几个方面考虑：

① 反思思维过程，即对思维是否清晰、严密、有条理等进行审视．

② 反思思维策略，即分析具体方法中所包含的数学基本思想方法，对具体方法再加工，提炼出适用范围广的一般数学思想方法．

③ 反思问题本质，即对问题本质进行反思、剖析，将思维从个别推向一般，使认识更加深化，思维抽象程度得以提高．

④ 反思解题方法，即反思解题方法的优劣，优化解题过程，以开阔学生视野，促进学生思维的多样性、合理性、严密性、灵活性、创造性等，提高思维品质．

（11）激活认知内驱力，认知内驱力是学习动机的重要组成部分，它直接指向专题学习活动本身．即掌握知识，系统地阐述问题并解决问题的需要．它源于探求、操作领会及应付等心理素质，并在学习活动中受到激活、增强和系统培养．

（12）促进良好认知结构的形成．与之相反，大量的题型复制，繁难的习题求解演示和解题术的记忆与重复活动不能构建富有成效的认知结构，即认知的稳定性、清晰性和可利用性．

（13）有利于创新思维的培养．学生对数学学科知识、方法的重新发现，要借助于学生专题中的归纳、类比、联想、猜想、构造等能力的提高．专题教学中引出的一个个问题对学生具有强烈刺激，启发学生多维思考，激发他们的创新意识，使之产生解题的紧迫感，具有进行连续探讨的特点，为学生发展提供广阔的思维空间．

（14）促进智力与非智力因素的协同发展．对在解题过程中需要的意志和毅力进行强化．

"三等分角"的探究①

波利亚指出："拿一个有意义的问题去深入挖掘，这样就使得通过这道题好像通过一道门户，把问题的解答引向一个完整的领域"．在"GSP"平台辅助下通过对习题的深入探究，直接指向问题的心脏，揭示数学问题的本质，其重点关注问题的"是什么""为什么""还有什么"，并能够概括问题的本质特征．

一、"GSP"平台辅助下的问题研究

1. 引入基本图形，逐渐延伸

问题（1）：如图 1：在 Rt△ABC 中，$\angle ACB = 90°$，点 E 是 AB 的中点，射线 EC 上有一点 D，且 $AD = \frac{1}{2}AB$．求证：$\angle D = 2\angle B$．

分析：此题是八年级第一学期课本例题的变式，主要运用直角三角形斜边上的中线等于斜边一半进行问题突破．

解：因为在 Rt△ABC 中，点 E 是斜边 AB 的中点，

可得 $CE = AE = BE = \frac{1}{2}AB$，

所以 $\angle BCE = \angle B$．

又因为 $AD = \frac{1}{2}AB$，

所以 $AD = AE$，

所以 $\angle D = \angle CEA$．

因为 $\angle CEA = \angle B + \angle BCE = 2\angle B$，

故 $\angle D = 2\angle B$．

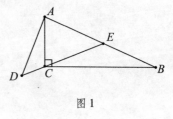

图 1

① 张忠华．演绎专题式纵向延伸 ［J］．上海中学数学，2014（7 - 8）．

2. 纵向深入,明确探究方向

探究1:将上述问题作进一步纵向挖掘,问题(2):

如图2:过点 D 作 BC 的平行线 DP,由 $\angle ECB = \angle B = \angle EDP$,则可得 $\angle ADP = 3\angle EDP$.

思考(1):通过平行线进行等角交换,则将两倍数量关系的两个角转化到同一顶点,为后续三倍角的探究创造了条件.

探究2:"学起于思,思起于疑",数学中许多

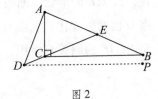

图2

精彩的结论都源于猜想,提出一个问题甚至解决一个问题还重要.从新的角度去思考旧问题,更需要创造性的想象力,也标志着思维层次的提高.

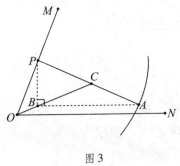

图3

上述问题背景切换,提出新的思考:

问题(3):已知:锐角 $\angle MON$,点 P 为 OM 上一点,以点 P 为圆心,以 $2OP$ 为半径在 $\angle MON$ 内部作弧,设点 A 为弧上一点,过点 A 作平行于 ON 的直线,与过点 P 垂直于 ON 的直线交于点 B,射线 OB 交 PA 于点 C(图3).

结论:拖动点 A,点 A 的位置变化,则点 C 的位置也随之发生变化,若点 A 在某个特定位置时存在点 C,【度量】值恰好是 AP 的中点,发现有 $\angle POC = \angle PCO = \angle CAB + \angle CBA$.

因为 $BC = AC$,所以 $\angle CAB = \angle CBA$,

即 $\angle POC = 2\angle CBA$.

因为 $AB // ON$,所以 $\angle POC = 2\angle CON$,

即 $\angle MON = 3\angle BON$.

思考(2):这是一个妙趣横生的美妙思考,这样的纵向延伸思考演绎出著名的数学名题:"三等分角"问题,迄今为止,虽然还没有用"尺规"解决这一作图问题,但这样的问题,在一般条件下是不可能的,但在特定的背景下,或能够成为可能.从上述问题的思考中,弧上 A 点的确定是问题的关键所在,若能满足点 O,B,C(点 C 为 AP 中点)三点共线,则问题迎刃而解,引发新的思考:

如图4:这里先确定了点 P,点 P 不妨看作是一个定点,定点 P 主要是用

OP 的长来刻画，作 $PF \perp ON$，垂足为点 F，那么线段 PF，OF 可看作定值，则 $\triangle OPF$ 的周长和面积均为定值；类似地，点 A 在以点 P 为圆心、半径为 $2OP$ 的弧上，具体在弧上什么位置，亦可用点 A 到射线 ON 的距离来描述，作 $AE \perp ON$，垂足为 E，则 $\triangle OAE$ 的三边均为变量，点 A，E 均为动点，移动点 A 的位置，$\triangle OAE$ 的形状不断改变，作 $AB \perp PF$，垂足为点 B，则射线 OB 与 AP 的交点 C 也发生变化，当点 C 接近 AP 中点时，借助《几何画板》分别度量 $\triangle OPF$ 与 $\triangle OAE$ 的周长与面积，观察发现：$\triangle OPF$ 与 $\triangle OAE$ 面积接近相等.

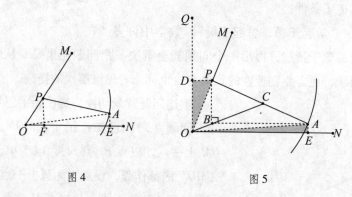

图 4   图 5

探究 3：有了上述思考，可将上述问题条件强化，如图 5，作 $ON \perp OQ$，同时作 $PD \perp OQ$，$AE \perp ON$，垂足分别为点 D，E，将 $\triangle ODP$ 面积表示为 $S_{\triangle ODP}$，$\triangle OAE$ 面积表示为 $S_{\triangle OAE}$.

探究：点 O，B，C（其中点 B 为直角顶点，C 为斜边中点）三点共线的充要条件是否为 $S_{\triangle ODP} = S_{\triangle OAE}$.

充分性证明：

若点 O，B，C 三点共线，

不妨设 $PD = a$，$OD = b$，$OE = m$，$AE = n$，

因为点 C 是 AP 中点，所以 $S_{\triangle OCP} = S_{\triangle OCA}$，$S_{\triangle BCP} = S_{\triangle BCA}$，

所以 $S_{\triangle OBP} = S_{\triangle OBA}$，

即 $\dfrac{1}{2} \cdot BP \cdot DP = \dfrac{1}{2} \cdot AB \cdot AE$，

所以 $\dfrac{1}{2} (b - n) \cdot a = \dfrac{1}{2} (m - a) \cdot n$，

所以 $ab - na = mn - na$，

所以 $ab = mn$，

即 $S_{\triangle ODP} = S_{\triangle OAE}$.

必要性证明：如图 6 所示：

若 $S_{\triangle ODP} = S_{\triangle OAE}$，

则有 $ab = mn$.

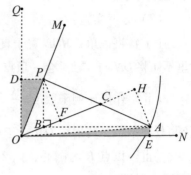

图 6

因为 $S_{四边形OBPD} = \dfrac{1}{2}(BP+OD) \cdot PD$

$= \dfrac{1}{2}(b-n+b) \cdot a = \dfrac{1}{2}(2ab-an)$，

$S_{四边形OBAE} = \dfrac{1}{2}(AB+OE) \cdot AE$

$= \dfrac{1}{2}(m-a+m) \cdot n = \dfrac{1}{2}(2mn-an)$.

因为 $ab = mn$，所以 $\dfrac{1}{2}(2ab-an) = \dfrac{1}{2}(2mn-an)$，

所以 $\dfrac{1}{2}(b-n+b) \cdot a = \dfrac{1}{2}(m-a+m) \cdot n$，

即 $S_{四边形OBPD} = S_{四边形OBAE}$，

可得 $S_{\triangle OBP} = S_{\triangle OBA}$.

作 $PF \perp OB$，$AH \perp OB$，

可得 $\dfrac{1}{2}OB \cdot PF = \dfrac{1}{2}OB \cdot AH$，

所以 $PF = AH$，

所以 $\triangle PCF \cong \triangle ACH$，所以 $PC = AC$，

即点 C 是 AP 的中点，

故点 O，B，C 三点共线.

3. 归纳演绎，实施解决方案

探究 4：（1）通过上述问题的探究，发现点 A 的
选取需满足两个轨迹，轨迹 1：点 A 在以 P 为圆心，
以 $2OP$ 为半径的圆弧上．轨迹 2：$\triangle ODP$ 的面积与
$\triangle OAE$ 面积相等，其中轨迹 1 不难作出，但对于轨迹
2 需要思考什么样的轨迹满足 $S_{\triangle ODP} = S_{\triangle OAE}$，通过这
一特征联想到了反比例函数 $y = \dfrac{k}{x}$（$k \neq 0$）的图像，

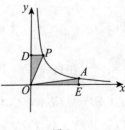

图 7

在反比例函数 $y = \dfrac{k}{x}$ 的图像上任意两点，设为点 P，A，作 $PD \perp y$ 轴，$AE \perp x$ 轴，垂足分别为点 D，E，则必有 $S_{\triangle ODP} = S_{\triangle OAE}$（图 7），证明略．

（2）方案实施：

（ⅰ）将锐角 $\angle MON$ 置于直角坐标平面内，且 $\angle MON$ 一边与 x 轴重合，这里不妨将 ON 与 x 轴重合，顶点与原点重合．

（ⅱ）作反比例函数 $y = \dfrac{k}{x}$（$k > 0$）的图像，这里 k 可任意取值，与射线 OM 交于点 P．

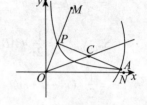

（ⅲ）以点 P 为圆心，以 $2OP$ 为半径作弧交反比例函数图像于点 A．

（ⅳ）连接 PA，作 PA 的中点 C．

图 8

（ⅴ）作射线 OC，则 $\angle MON = 3\angle CON$，如图 8．

（3）证法ⅰ：同探究 3 证明思路；

证法ⅱ：过 A 作 x 轴的平行线，过点 P 作 x 轴的垂线，两条线交于点 B，则 $\angle PBA = 90°$，因为点 P，A 在反比例函数 $y = \dfrac{k}{x}$ 的图像上，所以设 P（a，$\dfrac{k}{a}$），A（m，$\dfrac{k}{m}$），所以点 B 坐标为（a，$\dfrac{k}{m}$），因为点 C 是 PA 的中点，所以点 C 坐标为 $\left(\dfrac{a+m}{2}, \dfrac{\dfrac{k}{a}+\dfrac{k}{m}}{2}\right)$，设直线 OC 解析式

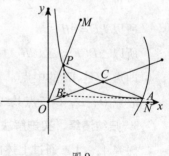

为 $y = t \cdot x$（$t \neq 0$），把 C 点坐标代入 $\dfrac{(m+a)\,k}{2am}$

$= t \cdot \left(\dfrac{a+m}{2}\right)$，解得 $t = \dfrac{k}{am}$．所以，直线 OC 解析式 $t = \dfrac{k}{am} \cdot x$，当 $x = a$ 时，$y = \dfrac{k}{m}$．即点 B

图 9

（a，$\dfrac{k}{m}$）在直线 OC 上，所以点 O，B，C 三点共线，则有 $\angle POC = \angle PCO$，$\angle CAB = \angle CBA = \angle CON$，所以 $\angle POC = \angle PCO = \angle CAB + \angle CBA = 2\angle CON$，所以 $\angle MON = 3\angle CON$（图 9）．

4. 引申拓展，扩大探究成果

探究延伸 5：如何三等分一个钝角？

方案（1)：

（ⅰ）作∠MON 的平分线 OP.

（ⅱ）作锐角∠PON 的三等分线 OA.

（ⅲ）作∠POA 的平分线 OB，则∠MON =3∠BON（图10).

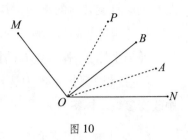

图10

方案（2)：

（ⅰ）反向延长线射线 MO，得∠MON 的邻补角∠NOP.

（ⅱ）作锐角∠NOP 的三等分线 OA，∠NOP =3∠NOA，在∠MON 内部作射线 OB，使得∠AOB =60°，则有∠MON =3∠BON.

证明：设∠AON = α，则∠AOP = 2α，∠BON = 60° − α，所以∠MOB = 180° − ∠BOP = 180° − （60° + 2α） = 120° − 2α，所以∠MOB = 2∠BON，即∠MON =3∠BON（图11).

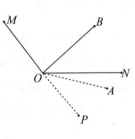

图11

"GSP" 问题演绎：

如图12 所示，已知锐角∠MON，求作射线 OC，使得∠MON =3∠NOC.

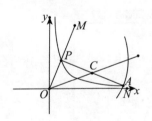

图12

（1）将锐角∠MON 置于直角坐标平面内，且∠MON 一边与 x 轴重合，这里不妨将 ON 与 x 轴重合，顶点与原点重合.

（2）作反比例函数 $y = \dfrac{k}{x}$ （k>0) 的图像，这里 k 可任意取值，与射线 OM 交于点 P.

（3）以 P 为圆心，以 2OP 为半径作弧交反比例函数图像于点 A.

（4）连接 PA，作 PA 的中点 C.

（5）作射线 OC，则∠MON =3∠CON.

"GSP" 解题思路辅助平台：

1. 已知锐角∠M'O'N'.

2. 在【绘图】菜单中【定义坐标系】，在 x 轴正半轴上【构造】点 N.

3. 依次选中点 N'，O'，M'，并选择【标记角度】，选中点 O，并选择【标记中心】，选中点 N，在【旋转】对话框选择【标记角度】命令，得点 N 关于点 O 逆时针旋转后的点 M，其中 $\angle MON = \angle M'O'N'$.

4．【构造】射线 OM，同时【构造】 x 轴上的点 G，右击点 G，在下拉框中选择【横坐标】，弹出点 G 的横坐标数据框 X_G.

5．在【数据】菜单中选择【新建参数】，弹出参数数值框，并在【属性】中改变参数，标签为 k.

6．在【数据】菜单中选择【计算】，在计算器中输入 $\dfrac{K}{X_G}$，依次选中数值框 X_G，$\dfrac{K}{X_G}$，在【绘图】菜单中选择【绘制点】，坐标平面内弹出点 G'，选中点 G，G'，选择【构造】／【轨迹】，得反比例函数 $y = \dfrac{k}{x}$ 的图像．

7．【构造】射线 OM 与反比例函数图像交于点 P，并以点 P 为圆心，$2OP$ 为半径的圆与反比例函数图像交于另一点 A，【构造】线段 PA 的中点 C，【构造】射线 OC，则 $\angle MON = 3\angle NOC$.

效果：选中参数数值框，按"＋""－"号改变参数值，【度量】 $\angle MON$ 和 $\angle NOC$ 大小，可探索到：随着参数值的不断变化，点 P，A 的位置不断变化，但始终有 $\angle MON = 3\angle NOC$（图 13）．

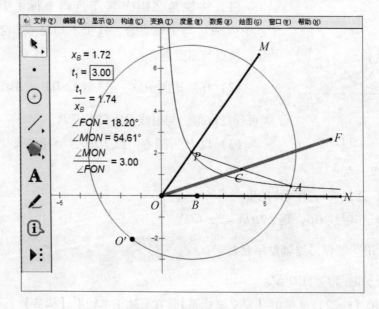

图 13

借助"GSP"辅助平台，析出基本图式

——以几何变量赋值："平行四边形不定边的确定"为例

借助"GSP"辅助平台，通过辨识几何图形，析出隐含的基本图式，可以有效提高几何解题效率，促进学生的自主学习．

一、基本图式的含义与思考过程

（1）核心概念界定："基本图式"是现行教材中概念、公理、定理或某些重要命题解释时的通法（如常用辅助线等）所对应的图形．

（2）基本图式的提炼体现了将复杂问题转化为简单的基本问题去认识的思维过程，能够揭示几何问题的本质属性，培养学生分解问题的能力，一般的思考过程为（图1）：

问题图形化 —解构与联想→ 分解成基本图式 —选择与组合→ 问题逻辑化

图1

二、几何变量的赋值："平行四边形不定边的确定"

以拓展型专题设计"平行四边形不定边的确定"为例，通过几何变量赋值，抓住赋值过程中几何图形特征，析出基本图式，通过举一反三，进一步提高分析问题的能力与解题通法的积累．"平行四边形不定边的确定"是以基本图形平行四边形为框架，内角与一组对边不变，在另一组对边变化过程中，变换平行四边形的形状和大小，通过设置变更命题的表达形式，确定不定边的值．

1. 目标定位

（1）由一组对边及内角确定、另一组对边长度不确定的动态四边形为载

体，通过添加几何元素及条件，确定平行四边形的不定边长．

（2）在不定边变化过程中设置不同几何背景，在不同的几何背景中确定不定边长，将相关平面几何重要知识融入问题解决过程，在问题解决过程中提炼基本图式，夯实基础知识与基本技能，并获得基本数学活动经验及数学思想，进一步感受数形结合与方程思想，在解决问题的同时使探究能力获得提高．

2. 问题背景一设计

在平行四边形 $ABCD$ 中，$AB = 5$，$\cos \angle A = \dfrac{3}{5}$，$BC = m$．

A：直接赋值

（1）若平行四边形 $ABCD$ 周长为 16，则 $m = $ _____．

（2）若平行四边形 $ABCD$ 面积为 28，则 $m = $ _____．

（3）若平行四边形 $ABCD$ 是菱形，则 $m = $ _____．

分析与思考：基本背景图形在解题中起十分重要的作用．在动点问题的设置中基本背景图形中的等量关系不变，利用三角比、相似等几何性质建立代数方程过程中，往往依赖于这些等量关系．本例通过比较简单的几何背景的设置（四个内角及一组

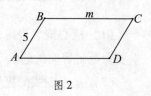

图 2

对边确定的平行四边形），关注了大多数学生的认知水平，学习基础较差的学生也能"跳一跳、摘得到"，这样的"适度"符合大多数学生的认知水平，从而激发了学生的学习动机，思维的积极性也自然产生了．几何变量的直接赋值，基本图式的结构也较为简单，或者说问题本身就是基本图式．"GSP"界面下拖动边 BC 析出下图．

平行四边形面积分解基本图式　　　菱形邻边关系

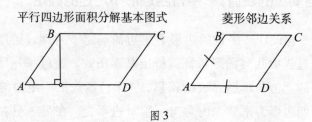

图 3

B：添加几何元素（添线）

（1）连接 BD.

① 若 $BD = 4\sqrt{2}$，则 $m = $ _____；②若 $BD \perp AB$，则 $m = $ _____．

（2）设 AD 的垂直平分线交 BC，AD 于点 E，F，若 $S_{四边形AFEB} = \dfrac{2}{3} S_{四边形DCEF}$，求 m.

分析与思考：本环节中不定边 m 的确定渗透了函数的应用，当点动起来以后，一组对边在变，另一组对边及四个内角不变，需要用函数的观点去分析，添线后依赖某些关系，将不定边的变化定格在各种 "美丽的瞬间"，借助方程确定不定边的值. 在动点变化过程中，通过某些线段数量与位置关系的特殊化，将函数问题转化为方程，也是学生在数学解题中需要培养的能力之一. 问题（1）中，当 $BD \perp AB$ 时，实质把问题回归到解直角三角形，当 BD 长度确定以后，把问题回归到解斜三角形，即两边及一角确定，解斜三角形的另一边长. 解决策略是作高把斜三角形分割成两个直角三角形，基本图式可分解为（图4）.

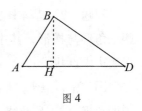

图 4

问题（2）中，通过一边的垂直平分线将平行四边形的对边分割成两条线段，将原四边形分割成两个等高且一底相等的梯形，只要计算出另一对底的比值即可计算 m 的值. 在计算另一对底的比值时，学生意识不到利用不变量（即原四边形一组对边及内角不变），通过解直角三角形基本问题来解决，缺乏基本图式（解直角三角形）的架构意识.

C：添加几何元素（添形）

设 $\angle DAB$ 与 $\angle ABC$ 的平分线交于点 P.

探究：

（1）P 到 AB 的距离有无变化？等于多少？

（2）P 在以 CD 为直径的圆上，求 m.

（3）若射线 CP 交边 AD 于点 E，且 $AE = 1$，求 m.

（4）若射线 CP 交 AB 边于点 E，且 $AE = 1$，求 m.

（5）若 $PD \perp DC$，求 m.

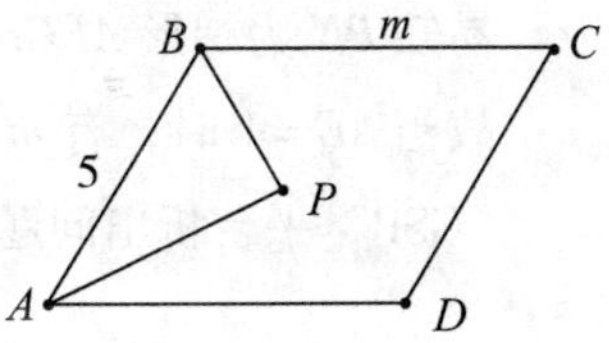

问题（1）基本图式

图 5

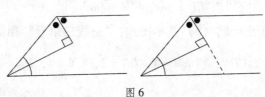

图 6

不定边 BC 变化过程中，$\triangle ABP$ 形状、大小不发生改变，这一基本图式（两条平行线所形成的一对同旁内角的平分线互相垂直）是后续解题的重要依据.

问题（2）基本图式（平行四边形可分割成等腰三角形与梯形，其中一组对边中点与等腰三角形底边中点共线）

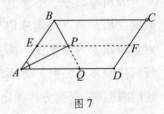

图 7

图 7 中，点 E，F 分别为 AB，CD 的中点，需说明点 E，P，F 共线，在教学过程中发现，这一点容易被学生忽略，操作上先作出线段 EF，"GSP" 界面下拖动 CD 边，观察到当点 P 在线段 EF 上时，图像静止.

方案（1）：取 AB，CD 中点 E，F，连接 EF，说明点 P 在 EF 上；

方案（2）：取 AB 中点 E，延长 EP 交 CD 于点 F，说明点 F 是 CD 中点.

学生给出了上述说明三点共线的两种方法，其中以方案（2）为主，借用基本图式（1）知，点 P 是 BQ 的中点，得 $EP /\!/ AQ /\!/ BC$，可说明点 F 为 CD 的中点.

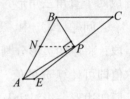

图 8

"GSP" 平台析出问题（3）基本图式（梯形的中位线图式）

易知 PN 为梯形 $AECB$ 的中位线，PN 长度不变，故当 $AE = 1$ 时，有 $m + 1 = 5$，$m = 4$.

"GSP" 平台析出问题（4）基本图式（平行线分线段成比例 A 型图图式）

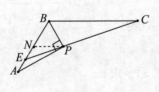

图 9

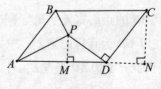

图 10

构造 A 型图，得比例式 $\dfrac{EN}{EB} = \dfrac{PN}{m}$，得 $\dfrac{\frac{3}{2}}{4} = \dfrac{\frac{5}{2}}{m}$，$m = \dfrac{20}{3}$.

"GSP" 平台析出问题（5）基本图式："一线三角形" 相似问题图式.

易证 $\triangle PDM \backsim \triangle CDN$，得 $AM = 4$，$DN = 2$，$CN = 4$，$DN = 3$，$\dfrac{PM}{DN} = \dfrac{DM}{CN}$，$\dfrac{2}{3}$

$= \dfrac{DM}{4}$，$DM = \dfrac{8}{3}$，故 $m = \dfrac{20}{3}$．

在开放性结论横向拓展中利用不同的几何背景提炼出基本图式，将探究活动逐步深入．通过点与圆的位置关系、直线与直线的位置关系等探索将函数问题方程化过程中，有效析出蕴含的基本图式．通过提炼基本图式，一系列问题串的解决，进一步体验数形结合在解决数学问题中的作用，建立了知识之间的纵横联系，有利于知识的记忆、理解、掌握、应用和深化，而且使学生思维活动的抽象程度和对事物本质规律的理解水平有所提高．

3. 问题背景二

如图 11 所示，平行四边形 $ABCD$ 中，$AB = 5$，$\cos \angle A = \dfrac{3}{5}$，$BC = m$，设以点 D 为圆心，DC 为半径的 $\odot D$ 交 AD 于点 M，交 BC 于点 N.

探究：

（1）若 $DN /\!/ BM$，求 m.

（2）若 $MB = MN$，求 m.

（3）若 $AN \perp DN$，求 m.

（4）以 AB 为直径的圆与 $\odot D$ 外切，求 m.

（5）以 BN 为直径的圆与以 AM 为直径的圆外

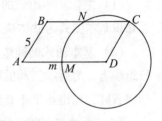

图 11

切，求 m.

（6）以 AB 为半径的 $\odot A$ 与 $\odot D$ 相交，公共弦长为 4 时，求 m.

将圆背景剥离，"GSP"平台析出基本图式：

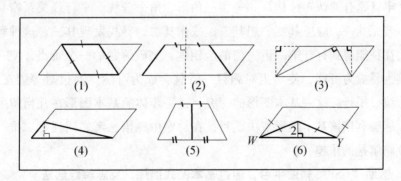

图 12

在平面图形中通过几何图形背景剥离等手段挖掘出最基础的结构图形，进而根据图形得到直观的判断，使问题得以有效突破．

三、"基本图式"的提炼是初中平面几何解题的重要途径

通过基本图式的提炼，改进几何教学的质效．

1. 通过基本图式积累提升解题速度

依托现行教材编写体系，平面几何内容蕴含了大量的基本图式，对于同类型几何问题利用基本图式将其解题的思路与方法进行迁移，可以使解题难度大大降低，借助"GSP"辅助平台，通过基本图式的提炼，使学生充分利用在解决比较简单的习题所用的思路和方法，分析较难的习题解法，逐步对这种方法进行强化，进而形成某种比较成熟的解题思路，缩短解题反应时间，达到提高解题能力的目的．

2. 借助"GSP"辅助平台，通过基本图式积累，完善知识结构体系

（1）把握基本图式的知识结构，内在联系及其中蕴育的思想方法．通过核心知识基本图式为载体决定了教学的重点，构建基本图式之间的衔接点．

（2）基本图式的铺垫也是解决问题的前提，是思维活动得以有效开展的先行组织者，为后续活动的顺利开展提供智力支撑和思维帮助．其本质：让学生学程着陆，思维水平垂直攀高，实现知识经验的内迁移．

（3）通过基本图式的提炼，切身理解知识的来龙去脉，从"变"的现象中发现"不变"的本质，从"不变"的本质中探索出"变"的规律，优化思维品质，挖掘学生思维潜力．

（4）以知识结构为纬，以问题解决为经，为学生塑造了良好的认知结构网络图，丰富原有的认知结构；如等腰三角形、角平分线、平行线关系密切，在题设中若见其一，应思其二，想其三；或作其二，寻找发现其三，这种解题思路方法往往能得到打开第一道大门的金钥匙，突破解题的一个难点，使一类题目变难为易成为可能，使学生对题目一看就会成为可能．通过对等腰三角形、角平分线、平行线这一基本图形的探究，进一步体验基本图形在几何解题中的作用；能够利用该基本图形解决题目；在解题中感悟三者之间任意二推一的过程，领略解题的乐趣．

3. 借助"GSP"辅助平台，通过基本图式提炼，反思解题通法

通过基本图式提炼优化教学设计，主要的是能促进学生的主体参与．教师可根据教材的重点，设出要展示的几何专题，让学生对专题展示的问题由浅入深地讨论思考，最终提炼出基本图式，积累解题通法．也可以根据教学的需要

对教材进行改进，有计划、有目的地训练学生的逻辑思维能力，达到知识迁移，可设置旧知识的问题链，让学生在参与学习中既巩固旧知识，又获取新知识．提炼图式的过程中，引导学生了解反思的一些基本方法，解决完某一问题时，及时从以下角度进行反思：这些几何问题的研究对象是什么？对于这样的题型，怎样研究？如何找到解题切入点？解题过程中需关注什么怎样的基本图式？你是怎么得到这个图式的？这些基本图式还能解决怎样的问题？还可不可以进行合理的变式或推广？如"三角形中线与倍长""图形运动与全等"等．

4. 通过基本图式提炼，强化数学思想方法

初中数学内容蕴含了大量的数学思想方法，如数形结合、化归、分类讨论等，对于同类型习题，通过基本图式提炼将其解题的思路与方法进行迁移，可以使解题难度大大降低，通过基本图式提炼，使学生充分利用在解决比较简单的习题所用的思路和方法，分析较难的习题解法，逐步对这种方法进行强化，进而形成某种比较成熟的数学思想方法，达到提高解题能力的目的．如在垂径定理状态下，圆半径长、弦长、弦心距、弓高四个量中，已知两个量可以获得另两个量的求解方法，可用基本图式分解，再"分而治之，各个击破"．在圆中的有关计算或证明时需用到分类讨论思想，若遇到"有题无图"时，在解题过程中就需要考虑所有可能的位置关系．在分类的过程中需要充分考虑圆中的三种位置关系：点与圆的位置关系；直线与圆的位置关系；圆与圆的位置关系．同时领悟分类讨论思想的实质就是把问题转化为基本图式．

基本图式的提炼其本质在于巩固探索所获得的知识，进一步完善知识体系，提高分析问题、解决问题能力，在问题解决过程中通过基本图形的提炼与积累逐步增强创造性因素，提高训练的效率．

后记：思考与展望

作为教师生命力的所在地，学生智慧的发源地——课堂，是展示教学改革的舞台，让学生在朴素的课堂教学中品味数学、感悟数学是新课程改革给教师提出的新要求．"GSP"辅助下的课堂教学，倡导的是高效的课堂教学．

首先，它关注了数学的发现与创新，我们知道数学教育的一个重要目标是让学生学会学习、学会思考和学会创造、数学教学的重要任务则是帮助学生学会学习数学和热爱数学．我们要让学生发展创新思维的能力，就要重视数学学习的过程，让学生具有良好的情感和认知投入，学生的投入是其发展的基础，以学生投入为基础的数学教学，可以正确理解和发挥学生在教学过程中的作用，强化学生内在学习的动力，形成以学生为主体的有效学习机制．"GSP"辅助下的课堂教学，教师要把"教数学"变成学生创造性地"学数学"，把"现成"的数学变成"发现"的数学，以生动活泼的呈现形成、展示数学知识的发生与发展．

其次，它是以数学思想方法为核心来激发研究数学的情感．数学是以数学思想方法为核心的，它是获取知识的手段，是运用知识解决问题的关键，它比其他知识更具有普适性，学生只有掌握了数学思想方法，就能快捷地获取知识，透彻地理解知识，广泛地运用知识，甚至于使其终身受益，在信息技术辅助下引导学生领悟数学本质，以运算、函数、数形结合、向量、算法等数学核心概念和基本思想为贯通数学教学过程的"灵魂"，体验数学中的理性精神，加强数学形式下的思考和推理训练．在信息技术辅助下，善于体现数学特色的基本方法总结出来教给学生，不仅如此，还要重视数学史的介绍，向学生讲解数学家探索和研究数学的过程以及采用的方法，促成学生模仿数学家的心理倾向，达到激发学生学习数学、研究发现数学的情感．

通过"GSP"辅助下的课堂教学进一步更新教学理念．传统教育、应试教育长期以来形成了一种僵化的模式：以课本为主，以教师为主．课本怎么写，教师就怎么教，学生就怎么学，学生只是被动地接受知识，教与学之间是一种原封不动的传递关系，抹杀了学生和学生的差异，捆死了学生个性思维的翅膀．"GSP"辅助下的课堂教学，倡导了数学课堂教学不再是教师全盘告诉学生解决问题的思路、途径、方法，而是强调以人为本、以学生为主体的个性化教学，也就是说全体学生能参与对问题的探索思考，以及解决方案的设计和实施，并理清问题所涵盖的知识点，这就自然而然促进了教师对教材例题及习题的研究，充分挖掘例题与习题的功能，同时关注和预设学生的应答思路，以此为出发点规划讲评策略，有利于教学针对性和有效性的发挥，有助于加强教师自身的学习，并不断提高其解题能力及命题能力，有助于教师促进自身的专业发展．

　　教师教研更应关注对教材及相应教学内容的处理，教学内容的完整性往往能统揽全局的教研视角，"GSP"辅助下的基础型拓展问题的实施，可以有效提高教师的试题研究与编制能力以及习题教学的规划与执行能力．对于数学问题，教师通过对问题的深入剖析与挖掘，明确题目所承载的知识点与难点，分析题目所隐含的数学思想方法，让学生在教师的引领下全面掌握数学知识的学习方法，教学中有意识地引导学生对问题进行归纳与整理、引申与推广、类比与猜想，这样可以更好地帮助学生形成数学学科素养．我们说问题设计总是有一个对原来素材去粗取精的加工过程，其关键是设"好问题"，能反映学科本质，助推学生的思维发展，达到学生"最近发展区"，"问题串"不等同于课堂提问，也不一定以"问号"收尾．问题的目的不仅要学生回答，更重要的是能促进学生思考，满足探究与创新欲望．即复习旧知，又能链接新知，成为开发学生思维的助推器，使"教学过程成为学生持续不断地探索过程"，它是循环过程．

　　在"GSP"辅助下构建"生长型生态型"拓展型专题教学支架．以教材基本内容为起点，揭示基本题或基本模型如何通过各种变化成为综合问题，搭建立体式、生长型的内容构架，通过知识生长过程，达到一定的认知高度．要选准问题起点与终点，即有打破教材结构的勇气，从知识体系和知识结构上把握初中数学教学内容和要求．选准问题的起点和终点，以"典型问题"为起点，并以此为基点，揭示从教材中的基本问题演变为焦点、热点问题的过程本质，帮助学生寻找和总结应对策略．要设计好问题生长路径：构建专题教学内容的生长过程，提炼知识的生长链，充分展示模型变化、背景变化、结构变化、深度变化的关系，通过动点问题的探索，将纵向与横向变化结合在一起，要关注纵向变化过程（如何变化），又要关注横向变化形态（典型变化）彰显数学知识变式的魅力，同时也要关注梯度．